GLAUBE IST GNADE

VON CHARLES S. PRICE

VERLAG C. M. FLISS
LÜTT KOLLAU 17 · D-2000 HAMBURG 61

1. Auflage 1979
2. Auflage 1982

Titel der Originalausgabe: THE REAL FAITH

Bearbeitung und Umschlaggestaltung: Litera, Wiesbaden
ISBN 3-922349-00-5

Gesamtherstellung: Schönbach-Druck GmbH, Erzhausen

Inhaltsverzeichnis

I.

Woran ich glaube

Jahrelang war es mir klar, daß irgend etwas in meinem Leben nicht stimmte. Was es war, habe ich nun entdeckt, nachdem der Heilige Geist selber eine Vision von ungeahnter Lieblichkeit vor meinen Augen ausbreitete: Ich erkannte voll Staunen die Schönheit und Herrlichkeit der Gnade, die wir Glauben nennen. Ich nenne es eine Gnade, denn genau das ist es. In der Blindheit unserer Herzen und Sinne haben wir den Glauben aus dem Bereich des Geistigen verdrängt und, ohne daß wir wußten, was wir taten, in den Bereich des Übersinnlichen abgeschoben. Wir haben den Glauben aus dem Heiligtum des Herzens vertrieben.

Warum blieben unsere Gebete unbeantwortet? Warum sind so viele krank, trotz der Tatsache, daß für sie gebetet wurde? Warum sind in unseren Versammlungen so viele kranke Menschen, die immer wieder die biblische Botschaft von der göttlichen Heilkraft hören, der sie auch Glauben schenken — und warum werden sie doch nicht geheilt?

Mehr als einmal bin ich von solchen Versammlungen nach Hause gegangen — die Jubelrufe noch in meinen Ohren —, aber ich war enttäuscht und weinte und schüttete mein Herz vor dem Herrn aus. Die Menge hatte über diejenigen gejubelt, die geheilt worden waren; ich aber weinte mit denjenigen, die in ihrem Elend geblieben waren und die ebenso krank aus der Versammlung nach Hause gingen, wie sie gekommen waren. Gibt es denn keine Heilung für sie? Hatte der Herr kein Mitleid und Erbarmen in seinem Herzen für diese Menschen, für die er sich doch auch ans Kreuz nageln ließ? Warum wurden einige auf so wunderbare Weise geheilt, während andere mit der Aufforderung nach Hause geschickt werden mußten, weiterzuglauben und wiederzukommen?

Diesen Tatsachen müssen wir ins Auge sehen. Es ist nicht im Sinne des Heiligen Geistes, wenn wir diesen deutlich zu erkennenden Gegensatz zwischen Lehre und Praxis mit einem Schulterzucken abtun, ohne Licht und Klarheit von oben für dieses Problem zu suchen. Nur die Wahrheit kann uns freimachen aus den Banden von Furcht und Zweifel und von der Entmutigung, die schließlich durch die Enttäuschung über uns kommen muß. Der einzige Weg, die Wahrheit zu erkennen, ist, daß wir in Aufrichtigkeit und Ehrlichkeit unserer Herzen und Sinne zu Jesus kommen. Unser Herr sagt, daß er selbst die Wahrheit ist. Wenn wir ihm die Tore unseres Herzens öffnen, machen wir die kostbaren Offenbarungen möglich, die nur seine Gegenwart bringen kann.

Ich möchte ganz offen und frei sprechen, auch wenn es manchmal schmerzlich sein wird. Ich muß es tun, weil ich nur auf diese Weise wirklich mein Herz ausschütten kann. Niemals zuvor war ich in meiner Eigenschaft als Autor in meinem Innersten so bewegt, wie ich es jetzt bin. Diese herrliche und wunderbare Wahrheit hat meine Seele überflutet, und vor meinem Geist haben sich die Tore seiner Herrlichkeit geöffnet. Ich glaube und bete, daß sich auch für dich die Tore der Gnade weit öffnen und deine Füße den Weg des Glaubens gehen, auf dem du deinem

Erlöser begegnest und deine Gebete Erhörung finden, ehe du dieses Buch wieder aus der Hand legst. Doch ich will nicht als Dogmatiker kommen, der sich in die Kleider der Unfehlbarkeit hüllt, auch nicht als einer, der die Feder tief in Hohn und Kritik getaucht hat, sondern als ein dankbares Kind Gottes, das Erleuchtung durch den Heiligen Geist empfangen hat und nun eine Sache klar erkennt, die in den vergangenen Jahren unklar und dunkel war. Durch die Liebe dessen, dem wir alles Gute und Vollkommene verdanken, ist mir — nach und nach — die Erkenntnis der wirklichen und ursprünglichen Bedeutung jenes wunderbaren Glaubens aufgegangen, von dem Jesus nicht nur sprach, sondern an dem er die Menschen teilhaben läßt.

Diese Offenbarung hat alle meine Fragen beantwortet. Sie hat alle meine Probleme gelöst. Sie hat die Liebe zu meinem Herrn vertieft und mich befähigt, mein Herz und mein Leben ihm zu übergeben. Sie hat meinen Dienst an den Kranken völlig umgestaltet, denn sie hat mir meine eigene Hilflosigkeit gezeigt und offenbart, wie nötig die Gegenwart, die Liebe und die Gnade Jesu und der Glaube an ihn sind.

So will ich Zeugnis ablegen. Ich will bekennen, daß mein Herz schwer war, auch wenn die Menge laut jubelte, sang und den Sieg feierte. Ich habe die Wunder gesehen — Fälle, in denen die heilende Hand Jesu wirksam wurde und die seine übernatürliche Kraft bewiesen. Wie glücklich war ich darüber. Sie sind auch heute noch Zeugen der Kraft Gottes. Sie sind Bollwerke des Glaubens, wirklich erlebt und erfahren, über denen das Banner der Wahrheit weht.

Es gibt Tausende und Abertausende dieser Wunder; und sie beweisen überzeugend, daß Jesus tatsächlich derselbe ist — gestern, heute und in alle Ewigkeit. Es ist nicht so, daß wir uns auf Erfahrungen verlassen sollten, um an das Wort zu glauben, aber es ist segensreich, wenn wir sehen können, wie Gebete erhört wurden. Aber als ich aus diesen Versammlungen nach Hause ging, haben mich oft die Gesichter demütig bittender Menschen verfolgt. Ich habe gesehen, wie sie alles versucht haben, sich z.B. aus dem Rollstuhl zu erheben und wie sie, voll Kummer und Enttäuschung, wieder zurücksanken.

Die Tränen, Schreie und Fürbitten derer, die tagelang auf Heilung warteten, wenn die Versammlung schon längst zu Ende war, haben mich zutiefst bewegt. Dir wird es genauso gehen. Auch in deiner Gemeinde gibt es sicher viele kranke und notleidende Menschen. Sie lieben den Herrn. Sie haben ihm ihr Leben geweiht, und dennoch werden ihre körperlichen Leiden als Antwort auf ihre Gebete nicht gemildert.

Diener des Evangeliums haben mich oft zur Seite genommen und mir ihre Enttäuschung bekannt angesichts ihrer offensichtlichen Unfähigkeit, *aktiven* Glauben an Gott zu praktizieren. Manche von ihnen wären am liebsten davongelaufen, wenn die Bitte um Gebet und Handauflegung in schwierigen Krankheitsfällen an sie herangetragen wurde, hätte sie nicht das Erbarmen mit den Kranken und die Ehrfurcht vor dem Wort und der Herrlichkeit Gottes gehalten. Nicht, daß diese Männer keine wahren Gottesdiener gewesen wären. Sie waren es gewiß. Sie waren ihrem Ruf und ihrem Herrn gehorsam. Hier aber standen sie verwirrt vor Dingen, die einen Widerspruch zwischen dem geschriebenen Wort und ihrer Erfahrung aufzeigten.

Es ist nicht miteinander zu vereinbaren, wenn wir singen: „Jesus versagt nie!“ und dann zusehen müssen, wie Kranke mit ihren Leiden, Gebrechen und Schmerzen nach dem Amen die Versammlung verlassen. Es ist eine Sache, die um Handauflegung Bittenden zu ermahnen: „Glaube nur!“ und es ist eine andere Sache, den Bittenden und seinen Fall aus den Gedanken und dem Herzen zu streichen, wenn wir ehrlich und aufrichtig vor Gott und Menschen sein möchten.

Es ist im allgemeinen unweise und unverzeihlich, eine Heilung im Glauben an die Verheißung zu bezeugen, ehe diese eingetreten und offenbar geworden ist — es sei denn, es ist tatsächlich echter Glaube vorhanden. Sind wir der Tat Gottes an uns nicht völlig gewiß, dann ist es besser, wir versuchen nicht, davon mit lauter Stimme Zeugnis abzulegen. Es gibt eine klare und jedermann verständliche Art des Zeugnisses, die ihren Ursprung in einer Tat Gottes hat, aber auch eine sehr unklare Art, die ein Versuch menschlichen Bemühens ist. Glaube von der Größe eines Senfkorns wird mehr ausrichten als aller Wille und Verstand. Echter Glaube wird sich immer durch entsprechende Erfahrungen bezeugen, wie die Sonne ihr Leuchten durch Licht und Wärme kundtut. Wir haben uns oft geirrt und das für Glauben gehalten, was kein Glaube war. Wirklicher Glaube versagt nie und bringt immer Resultate. Im tiefsten Herzen weiß ich, daß viele Kinder Gottes sich hierin täuschten und nicht imstande waren, den Unterschied zwischen gottgeschenktem Glauben und menschlichem Fürwahrhalten zu erkennen. An göttliche Heilung als an eine biblische Wahrheit zu glauben, ist eine Sache, aber Glauben zu haben in einer bestimmten Situation ist eine andere Sache.

Unsere Schwierigkeit besteht eben darin, daß wir den Glauben zu einer Einstellung unserer *Vernunft* Gott gegenüber gemacht haben, während es doch vielmehr so ist, daß echter Glaube eine Mitteilung göttlicher Gnade an unsere *Herzen* ist. Wir sollten einsehen, daß unsere Einstellung und unsere Praxis in diesen Dingen oft verkehrt waren. Wenn das Sonnenlicht der Gnade und Wahrheit Gottes unsere Herzen und Sinne durchflutet und wir durch die Kraft des Heiligen Geistes die Vorsorge des himmlischen Vaters erkennen, dann ist das Ende unserer eigenen Kämpfe und Anstrengungen gekommen. Unser Leben wird von dem Frieden Gottes erfüllt sein. Von dieser glücklichen Stunde an werden wir wissen, daß wir wirklichen Glauben nur dann üben können, wenn Gott ihn uns gibt. Nie mehr werden wir in unsere törichten Anstrengungen zurückfallen, durch eigene Bemühungen Glauben hervorbringen zu wollen. Auch in den Stürmen des Lebens und in unserem Dienst für ihn werden wir die vollkommene Ruhe in Jesus erfahren.

Es hätte nicht viel Erfolg gehabt, wenn die Jünger in dem Sturm auf dem Galiläischen Meer sich selbst Mut zugesprochen hätten. Das war auch gar nicht nötig. Drei kleine Worte aus dem Munde Jesu genügten, um Sturm und Meer zur Ruhe zu bringen. Drei kleine Worte Jesu — und Wind und Meer gehorchten ihm. Alle Worte der Jünger, ihre Befehle und ihr Wille, den nötigen Glauben zu entwickeln, hätten Sturm und Wellen nicht beeinflussen können. Die Prüfung wäre stärker gewesen als die Geprüften. Ein kleines Wort aus dem Munde Jesu, eine leichte Berührung durch seine heilige Hand — und es ist viel mehr geschehen, als alle Anstrengungen und Mühen ausrichten konnten. Wir haben die Sache des Glaubens so schwierig gemacht, obwohl alle göttlichen Dinge einfach sind. Wie hat mir oft das Herz geblutet, wenn ich sah, wie sich Menschen bemühten, das auszuüben, was sie für Glauben hielten. Im tiefsten Herzen wußte ich, daß das, was sie suchten, auf diese Weise nicht zu erlangen war. Aber es ist immer schwer, in solchen Augenblicken mit den Betreffenden darüber zu sprechen, weil die Menschen so wenig bereit sind, ihre festgefahrenen Denkweisen aufzugeben. Wir müssen jedoch bereit sein, alles zur Seite zu legen, was sich als wertlos und unfruchtbar erwiesen hat.

Worin haben wir uns getäuscht? Warum sind so viele von uns verwirrt und in Gefahr, den Zweifeln Raum zu geben, die ihnen die Gemeinschaft mit Jesus unmöglich macht? Ich denke, daß ich die Antwort auf diese Fragen geben kann. In meinem Herzen bin ich sicher, daß ich entdeckt habe, was verkehrt war. Ich verstehe jetzt, warum so viele den Weg verloren haben. Wir müssen den Heiligen Geist bitten, daß er uns bis an jene Wegkreuzung zurückführt, an der wir durch unsere Herzensblindheit seine Führung verloren haben. Wir müssen wieder zur Gnade zurückfinden und an Herz und Leben erfahren, daß Gottes Wort wahr ist und Jesus nie versagt. Wir wollen es nie vergessen: Haben wir irgendeine Enttäuschung erlebt, sind wir vom rechten Wege abgeirrt, so war es nur unsere Schuld und niemals sein Versagen, denn er ist unser Fürsprecher vor seines Vaters Thron.

II.

Unsere Anstrengungen sind wertlos

Sehr wichtig ist die Erkenntnis, daß wahrer Glaube nur durch eine Botschaft Gottes an unsere Herzen empfangen werden kann. Entweder haben wir Glauben oder wir haben ihn nicht. Wir können diesen Glauben nicht selbst hervorbringen. Es ist durchaus möglich, daß wir eine Verheißung Gottes lesen und doch nicht den Glauben haben, uns diese Verheißung persönlich anzueignen. Wir versuchen oft, uns durch Fürwahrhalten des geschriebenen Wortes Glauben anzueignen. Wir dürfen aber nicht vergessen, daß dieses Fürwahrhalten ein Erzeugnis unserer Vernunft ist und keineswegs ausreicht, um uns das übernatürliche Gebiet des Glaubens zu erschließen.

Der wahre Glaube ist durch den Heiligen Geist gewirkt. Er lebt und macht lebendig. Seiner Gewalt vermag nichts zu widerstehen, wenn er einmal von Gott in unser Herz gelegt wurde. Wer von Herzen glaubt, wird gerecht. Herzensglaube ist der wahre Glaube, durch den uns die Tür zur Gemeinschaft mit Gott aufgetan wird.

Für die meisten von uns ist Glaube gleichbedeutend mit Kämpfen und Versuchen, etwas für wahr zu halten, was Gott verheißen hat. Es mag sein, daß wir durch alle diese Kämpfe hindurch endlich gelernt haben, zu glauben. Oft hat uns die Tatsache verwirrt, daß wir nicht empfingen, wofür wir gebetet hatten. Wir müssen begreifen lernen, daß solches Fürwahrhalten nicht das ist, was die Schrift *Glauben* nennt. In den folgenden Ausführungen werden wir noch auf manche Schriftworte zurückkommen, die das klar beweisen. Was wir nach dem Worte Gottes benötigen, ist Glaube, so groß wie ein Senfkorn. Dann werden Dinge geschehen, die die Welt für unmöglich und unglaublich hält. Wie oft haben wir schon in den Versammlungen erlebt, daß Dinge geschahen, die wir auch aus den biblischen Berichten kennen!

Das 17. Kapitel des Matthäus-Evangeliums ist ein Kapitel der Gegensätze. Es führt uns zu den höchsten Höhen und in die tiefsten Tiefen. Es redet von einem Senfkorn und dann wieder von mächtigen Bergen, von Verzweiflung und Verklärung. Es ist eine besondere Lektion, die der Heilige Geist uns in diesem Kapitel erteilen will — es geht ihm um die Größe des biblischen Glaubens. Wir sehen, wie Jesus von der Spitze des Berges in menschliches Elend herabsteigt, das ihn am Fuße des Verklärungsberges erwartet. Dort wartete ein Vater, der seinen kranken Sohn mit verzagtem und blutendem Herzen zu den Jüngern gebracht hatte. Aber auch die Jünger hatten dem Vater nicht helfen können.

Dann aber sprach Jesus Worte göttlicher Allmacht, Worte heiliger Autorität! Bei ihm war keine Anstrengung wahrzunehmen. Man hörte kein Weinen und sah keinen Kampf. Um die Bitte des gebrochenen Vaters zu erfüllen, sprach Jesus einige Worte — und der Teufel floh! Es dauerte nur Augenblicke, und ein glücklicher Vater umarmte seinen Sohn. Er schaute durch die Tränen der Freude in Liebe und Anbetung auf den Mann, vor dem die Teufel flohen und der durch sein Allmachtswort seinen Sohn befreit hatte.

Glaubten die Jünger Jesu damals nicht? Doch, sie glaubten. Sie glaubten an Jesus, sie glaubten seinen Verheißungen, sie glaubten auch an die Wunder göttlicher Heilung, denn sie hatten solche Dinge oft gesehen. Und doch fehlte ihnen, wie Jesus sagte, *der Glaube* — nicht ein Wagen voll davon, sondern so viel wie ein Senfkorn.

Als eines Tages eine Schwester zu mir sagte, daß sie für ihre Heilung allen Glauben der Welt besäße, entschuldigte ich mich, weil ich erst etwas alleine sein und beten wollte. Sie fragte erstaunt: „Wofür?" Ich antwortete ihr: „Für Glauben, so groß wie ein Senfkorn." Ja, wenn ich so viel von dem Glauben meines Meisters hätte, welche Wunder könnten dann geschehen! Mit offenem und ergebenem Herzen sollten wir den Heiligen Geist bitten, uns sein Licht und seine Wahrheit zu senden. Denn wenn wir beten und es geschieht nichts, obwohl wir meinten, daß es ein Gebet des Glaubens war, so war es gewiß nicht der wahre Glaube. Jesus hat nicht gesagt, daß manchmal etwas geschehen würde und manchmal nicht, wenn wir diesen „Senfkorn-Glauben" haben. Lies doch den Text noch einmal. Seine Erklärung ist so klar, so kurz und so einfach! Es ist nichts dabei, was unklar oder zweideutig ist. Der ewige Gott selber hat hier für alle Zeiten eine einfache, aber unumstößliche Tatsache festgestellt. Wo ist jemand, der mit größerer Autorität redet als er?

Ist uns diese Wahrheit aufgegangen, dann werden wir den Kranken wirklich helfen können. Der Herr wird uns begegnen und uns zu seinem Werkzeug machen. Wahrer Glaube und großer Frieden wird in die Seele einziehen. Die Stimme, die wir dann hören werden, wird die der Danksagung und des Lobpreises sein. Wie der lichte Morgen wird die volle Erkenntnis über uns hereinbrechen, daß nicht wir diesen Glauben hervorgebracht haben, der die Mächte der Krankheit und der Finsternis besiegte. Wir wissen dann, daß der *Glaube Gottes* durch unseren Dienst offenbar geworden ist! O glorreicher neuer Tag in unserer Seele, an dem wir wahrhaft glauben, lieben und vertrauen können! Wir wollen an die Heilung des Leibes glauben, wir wollen der Kraft und Macht unseres Erlösers alles zutrauen — aber wir wollen auch daran denken, daß es sein Werk ist und nicht das unsere. Wir müssen wissen, daß er der Meister ist und wir sein Werkzeug.

Als Antwort auf die Frage der Jünger, warum sie den Jungen nicht hätten aus der Hand des Teufels befreien können, sprach Jesus: ,,Es war wegen eures Unglaubens. Wahrlich, ich sage euch: Wenn ihr Glauben hättet, wie ein Senfkorn und ihr sprächet zu diesem Berge: Hebe dich und wirf dich ins Meer, so würde es geschehen; denn alle Dinge sind möglich dem, der da glaubt!" Was für eine Feststellung ist das! Alles, was wir nötig haben, ist also Glaube, so groß wie ein Senfkorn! Nach Jesu Worten sollen die Berge vor diesem Glauben erzittern. Verstehen wir diese Worte Jesu recht? Er erklärte, daß die kleinste Botschaft des Glaubens, der von ihm kommt, größer und mächtiger sei, als die größte Kraftentfaltung des Teufels. Ein Senfkorn geht aus zu kämpfen und schlägt einen Berg, wie David einst Goliath schlug. Aber es ist der Glaube nötig, den Gott selbst gibt.

Bei vielen von uns ist es leider so, daß wir die eigene Fähigkeit, etwas zu glauben, höher schätzen, als die Botschaft des Glaubens, der von Gott ausgeht. Viele haben die biblische Wahrheit von der Heilung durch den Glauben für sich in Anspruch genommen. Sie glaubten an die Wahrhaftigkeit des göttlichen Wortes und wollten den Segen solcher Verheißungen erlangen. Obwohl sie die Heilung noch nicht erlebten, behaupteten sie — auf die Verheißung gestützt, der sie gläubig begegnen wollten: ,,Ich *bin* geheilt, ich *bin* geheilt!" Aber eine solche Haltung ist nicht nur schriftwidrig, sondern sogar ein gefährliches

Experiment. Vielleicht kann sie einem nervösen Menschen vorübergehend etwas Ruhe schenken; aber Berge versetzen, also Übel und Hindernisse wirklich beseitigen, werden wir auf diese Weise niemals.

Ich erinnere mich sehr gut an einen verkrüppelten Mann, der immer in seinem Rollstuhl in die Versammlung kam. Ich war schon aus der Versammlung nach Hause gegangen, fühlte aber innerlich die Aufforderung, wieder dorthin zurückzukehren. Um den kranken Mann herum fand ich etwa ein Dutzend Leute, die alles taten, was sie nur konnten, um den Kranken aus seinem Rollstuhl zu bringen. Gebete und Tränen mischten sich mit Befehlen und Ermutigungen. Aber nichts konnte den Mann zum Gehen bringen. Ich ging zu dem Mann und begann sehr ruhig mit ihm zu reden. Er erzählte mir, wie er versucht hatte zu glauben. Er erklärte mir, daß er wohl großen Glauben besitze, aber schließlich doch immer wieder verwirrt und hilflos vor der Frage stehe, was er wohl zu tun habe. Es war nicht schwer zu erkennen, daß er eine völlig falsche Vorstellung vom Glauben hatte. Er hatte gedacht, daß er geheilt würde, wenn er glauben könnte, daß er geheilt sei. Er glaubte den Verheißungen des Wortes. Er glaubte an die Kraft Jesu, Wunder zu tun. Und doch versuchte er etwas zu tun, was uns Menschen unmöglich ist, und wozu uns Gott auch nie aufgefordert hat: Er warf die Wirkung des Wunders mit seiner eigenen Fähigkeit, etwas zu glauben, in einen Topf. Ich erzählte ihm, daß ich einmal in jenem Hause gewesen sei, in dem Jesus Wasser in Wein verwandelte. Ich fragte ihn, ob er die biblische Geschichte von der Hochzeit zu Kana glaube. Ja, das glaube er. Meine Gedanken gingen zu jenem Nachmittag zurück, von dem ich ihm erzählen wollte. Ich fühlte aufs neue die mich durchdringende Glut der Gegenwart Jesu, die ich an jenem Tage verspürt hatte, und die Lektion, die mir der Heilige Geist klarmachte, stand deutlich vor mir: Die Mutter Jesu und die Jünger wußten von dem Mangel an Wein im Hochzeitshause zu Kana. Wäre das Wasser nun Wein geworden, wenn sie genug Kraft gehabt hätten zu glauben, daß es nicht Wasser, sondern Wein sei? Nein! Es war mehr nötig — es brauchte das wunderwirkende Wort, das über die Lippen Jesu ging, ja, es war die Hand Gottes nötig, die die Krüge berührte. Sie konnten die Krüge bis obenan mit Wasser füllen, sie konnten die gefüllten Krüge an den bestimmen Platz stellen, sie konnten alle Dinge tun, die Jesus ihnen zu tun befahl, denn niemals hat der Herr einem Menschen geboten, etwas zu tun, was für ihn unmöglich war. Das Menschenunmögliche zu tun, behielt er sich immer selbst vor.

Alle Dinge sind möglich bei Gott (lies dazu Mark. 9, 23). Der Glaube, von dem Jesus hier spricht, ist nicht der Glaube, der dem Verstand entspringt, auch nicht die sogenannte Ergebung in Gottes Willen, sondern der biblische Glaube, der uns von Gott ins Herz gelegt wird. Das ist es, was ich an jenem Tage lernte, das ist auch der Punkt, auf den ich hinaus möchte: Glaube ist nicht ein Erzeugnis unserer Vernunft, sondern etwas, was Gott in uns bewirkt. Glaube ist keine Sache des Verstandes, sondern immer und unbedingt eine Sache des Herzens. Der Glaube, von dem die Schrift sagt, hängt nicht von der Fähigkeit ab, daß wir etwas tun oder wissen. Er ist seiner Natur nach nicht intellektuell oder geistig, sondern die tiefe Überzeugung des Herzens, daß das Werk durch Gott bereits getan ist, geboren aus dem Glauben, den Gott allein geben kann.

Während ich meine Geschichte dem alten Mann im Rollstuhl erzählte, machte ich eine wunderbare Entdeckung. Vielleicht hast du schon einmal gesehen, wie sich eine Blume in den Strahlen der Morgensonne öffnet. So etwas sah ich, als ich in das Angesicht dieses lieben alten Mannes schaute. Er verlangte, nach Hause gebracht zu werden. Er wollte auf den Herrn warten, bis seine Seele die gute Kunde vernehmen würde, daß Jesus von Nazareth an seiner Leidensstraße vorüberging. Einige

Abende danach war er wieder mit seinem Rollstuhl da. „Ich werde noch heute abend gehen", erklärte er mir, als ich ihn begrüßte. Seine Augen leuchteten dabei, und ich wußte, daß er etwas von dem empfangen hatte, was die Schrift Glauben nennt. Ich fragte ihn: „Woher weißt du das?" „Das kann ich nicht sagen", antwortete er, „es ist so still, so friedevoll in meiner Seele; ich bin so glücklich in dem Bewußtsein der Gegenwart Jesu. Ich weiß, daß ich nur in seinem Geist zu bleiben und seinem Wort zu gehorchen habe." Da war kein Kampf mehr. Nicht einmal unsere Fürbitte brauchte er für das, was sich ereignen sollte. Halleluja, es gibt eben keine Finsternis mehr, wenn die Sonne aufgegangen ist! Sogar die letzten Schatten der Morgendämmerung müssen weichen, wenn die Strahlen der aufgehenden Sonne die Erde berühren. Plötzlich stand der Mann aus seinem Rollstuhl auf und ging auf den Altar zu. Dort fiel er in Preis und Anbetung auf seine Knie, um sein übervolles Herz in Dankbarkeit vor Gott auszuschütten, der in sein Herz gekommen war, und nun den schriftgemäßen Glauben tätig und sichtbar werden ließ.

Kürzlich kam der Postbote an meine Tür und übergab mir einen Brief, dessen Inhalt ich hier wiedergeben möchte. Es ist die Geschichte einer Frau, die tatsächlich der hilfloseste Mensch war, den ich je gesehen habe. Als sie mir zum erstenmal begegnete, bat sie mich um Fürbitte, ja, sie sagte, daß ich sie doch heilen möchte. Aber das konnte ich nicht — das wußte ich. Ich hätte versuchen können, ihr zu helfen, indem ich den Mächten der Krankheit zu gebieten versuchte, die Kranke zu verlassen. Aber das tat ich nicht. Ich wußte, daß ich nur ein Jünger am Fuße des Berges war und daß wir beide, die Kranke und ich, es nötig hatten, auf unseren Herrn zu warten, bis er vom Berge herunterkommen würde. Ich glaubte seinen Verheißungen und stand auf seinem Wort. Als ich aber in das Angesicht dieser Frau schaute, die schon zehn Jahre auf ihren Händen kroch und von der Hüfte an völlig gelähmt war, da wußte ich, daß ich hier mehr nötig hatte, als nur zu glauben, daß sie geheilt werden könnte. Ich hatte eine Mitteilung des Glaubens nötig, der durch den Heiligen Geist gewirkt und gegeben werden muß. Und ich wußte, daß diese Frau denselben Glauben brauchte. Ich versuchte ihr klarzumachen, daß wir eine Begegnung mit Jesus suchen müßten. Ich bat sie eindringlich, auf den Herrn zu warten, denn ihre Stunde würde ganz gewiß kommen — das fühlte ich in meinem Herzen. Ich sagte ihr, daß Jesus nie versagt. Aber wir versuchen oft, seinem Werk mit unseren Bestrebungen zuvorzukommen und wollen mit eigenen Anstrengungen das erreichen, was er allein in seiner Kraft zustandebringen kann.

Tag für Tag brachten ihr Mann oder ihre Freunde sie zur Versammlung. Tag für Tag suchte sie das Angesicht des Herrn. Abend für Abend saß sie in der Nähe jener hölzernen Bank, an der gewöhnlich mit den Kranken gebetet wurde. Die Tage gingen dahin. Im Geiste erstieg sie die Stufen zur Gegenwart Gottes. Sie kam vorbei an den Altären der Hingabe und des Opfers. Eines Abends drang sie in das Allerheiligste ein. Was für ein Abend war das! Es war ein Sonntag. Auf dem Programm, welches in die Hände der Versammlungsbesucher gelegt worden war, stand nichts von göttlicher Heilung. Aber Gott tut immer noch Wunder, und Jesus von Nazareth ist durch den Heiligen Geist imstande, uns über alle Formen, Programme und Pläne hinwegzuheben. Es war eine friedvolle Evangelisationsversammlung. Am Altar, wohin sie von ihrem Mann gebracht worden war, betete auch diese Frau. Dann kam Jesus! Er offenbarte sich der kranken Frau. Sie sah ihn am Ende eines Weges. Er lächelte! Der Glaube floß wie ein Strom durch ihr Herz. Bevor das Wunder geschah, wußte sie, daß es geschehen würde. Wie und warum, das konnte die Frau nicht erzählen, aber sie wußte, daß eine besondere Ausgießung göttlichen Glaubens über sie gekommen war. In diesem Augenblick teilte der Heiland auch mir diesen Glauben mit. Ich wandte mich an den Prediger auf dem Podium und sagte: „Heute abend werden wir die Herrlichkeit Gottes sehen!" Und so war es. Als der Herr sie berührte, wuchsen ihre eingeschrumpften Glieder zu normaler Größe, schneller als man es erzählen kann. Sie sprang auf ihre Füße, sie fing an zu gehen. Es war nicht nötig, sie zu stützen, denn sie lag fest in Jesu Armen. In dem Augenblick stürzten die Ungeretteten nach vorn, warfen sich vor dem Kreuze nieder und nahmen Jesus als ihren Erretter an. Das ganze Gebäude hallte wider vom Lobpreis glücklicher Herzen: „Jesus, Jesus, ich bin glücklich, denn du bist mir jetzt ganz nah. Jede Last wird mir zum Segen, denn ich weiß, mein Herr ist da."

Der Grund, warum ich diese Geschichte erzähle, ist der, daß ich versuchen möchte, den Unterschied zwischen menschlichem Bemühen und der göttlichen Gabe des Glaubens aufzuzeigen. Wieviel mehr schriftgemäß ist es zu warten, bis Jesus kommt und das Wort des Glaubens in unsere Herzen legt. Ich will es gern verraten, daß ich an jenem Tage, als ich diese verkrüppelte Frau zum erstenmal sah, drei Dinge wußte: Ich wußte, daß sie nicht glaubte, und ich wußte, daß auch ich nicht den vollkommenen Glauben hatte; aber ich wußte auch, daß Jesus allein diesen Glauben schenken kann. Nun war es unsere einzige und wichtige Aufgabe, näher zu Jesus zu kommen. Es war unser Vorrecht, ihm unsere Sorgen und Nöte im Gebet zu bringen; uns von den Dingen der Welt abzusondern und Gemeinschaft mit Gott zu suchen, bis er unsere Seele berührt. Und das taten wir auch in diesem Fall. Wir hätten uns ebensogut vornehmen können, auf die Kraft unseres Willens zu vertrauen, anstatt auf die Kraft des Glaubens zu warten. Nein, wir haben einen besseren und köstlicheren Weg: Es ist der Weg Gottes, der biblische Weg. Auch für den Obersten, der von Kapernaum nach Kana ging, war es ein beschwerlicher Weg. Als er aber dort Jesus begegnet war, bereute er diesen Weg nicht. Es mag sein, daß auf dem Wege der völligen Weihe unseres Lebens an Gott uns schwere Prüfungen begegnen. Vielleicht führt uns der Herr durch das Tal der Demut, in dem wir lernen, unseren Willen und unsere Wünsche völlig in seinem Willen untergehen zu lassen. Immer aber wird uns auf diesem Wege das Licht der lebendigen Hoffnung leuchten und uns Kraft geben. Sicher ist, daß die Beschwerden und Prüfungen des Weges uns nichts bedeuten, wenn wir am Ziel angekommen sind. Wir werden am Ende dieses biblischen Weges Jesus begegnen, der allein den Glauben geben kann, der Berge versetzt.

Doch wollen wir die Erfahrungen der Schwester nicht vergessen, von welcher ich erzählte. In ihrem Brief schrieb sie:

„Lieber Bruder Price! O Halleluja, die Freudenglocken klingen hell in meinem Herzen, weil Jesus mir begegnet ist! Da der Zeitpunkt meiner wunderbaren Heilung wiederkehrt, denken mein Mann und ich besonders an Dich. Gott sei Dank dafür, daß Jesus zu uns kam und seine Kraft und Gegenwart in unserem Leben offenbarte. Vor 16 Jahren rettete er meine Seele und heilte meinen Leib. Er gebrauchte Dich dabei als seinen Jünger und als sein Werkzeug. Wie war ich damals in einer notvollen Lage, geistlich und leiblich! Geistlich, weil ich glaubte, daß ich errettet sei, obwohl mein Leben zwiespältig war. Ich hatte zuviel von dem Herrn empfangen, um mich noch an den Dingen dieser Welt freuen zu können, und doch auch wieder zuviel von der Welt, um mich vollkommen dem Herrn hingeben zu können. Durch Deine Predigt kam die Freude des Herrn in mein Herz. Auch mein Mann erlebte es, daß Jesu Blut alle unsere Sünden wegwusch. Und leiblich — ja, Du weißt es ja, wie es um mich stand, wie groß meine Hilflosigkeit war, als ich in die Versammlung gebracht wurde, so daß ich weder gehen noch stehen konnte. Nach zehn langen Jahren der Hilflosigkeit begegnete mir der Herr Jesus in jener Versammlung. Ich muß es immer wieder erzählen. Mein Herz fließt über, wenn ich davon rede, denn die Liebe Jesu läßt mich niederknien in Lob und Anbetung. Ja, Jesus heilt auch heute noch die Kranken! Fahre fort, Bruder Price, diese gute Botschaft zu verkündigen, denn es gibt so viele Menschen, die sie nötig haben. Jesu Kraft ist auch heute noch wirksam. Seine blutenden und heilungsspendenden Wunden von Golgatha haben noch dieselbe Wirkung. Gott sei Preis und Dank! 16 Jahre der Gesundheit, Kraft und Tätigkeit habe ich nun schon erleben dürfen. Ich habe auch einige schwere Prüfungen zu bestehen gehabt. Aber ich kann bezeugen, daß die Verheißungen Gottes fest und sicher sind. Unserem Gott gebührt alle Ehre! Jesus versagt nie!

Wir werden fortfahren, für Dich zu beten. Mögest Du immer durch den Heiligen Geist geleitet werden und von ihm aus der Fülle des unaussprechlichen Reichtums Christi zu noch größerem Dienst berufen sein.

Während ich schreibe, erfüllt und durchflutet mich die Kraft Gottes. Halleluja! Jesus lebt! Dem Herrn sei Dank dafür!

In der Liebe Jesu grüßen Dich Deine immer dankbaren Freunde in Jesu

Bruder und Schwester Johnson

III.

Der bessere Weg

Ich bin davon überzeugt, daß zwischen dem Glauben des Alten Testaments unter dem *Gesetz* und dem Glauben des Neuen Testaments unter der *Gnade* ein Unterschied besteht. Das Schlüsselwort des Briefes an die Hebräer heißt „besser", und es ist im 5. Kapitel dieses außerordentlichen Briefes von besonderer Bedeutung. Der Schreiber versucht, dem Leser die Wahrheit des Christentums durch Gegensätze aufzuzeigen. Er hebt das Vergangene nicht auf, sondern er zeigt ihm, daß das Christentum aus dem Judentum herauswächst wie eine Blume aus der Wurzel. Tief verborgen in der Wurzel waren Farbe, Duft und Schönheit dieser „Blume der Gnade", die später hervorsprießen sollte. War die Blume nicht besser als die Wurzel? War das Ende nicht besser als der Anfang? War das Blut Christi nicht besser als das Blut des Lammes, das auf jüdischen Altären geopfert wurde? War Jesus nicht besser als die Engel, die von Zeit zu Zeit die Väter besucht hatten? War die Stimme des Gottessohnes nicht besser als die Stimme der Propheten?

Dies ist die wichtigste Aussage des Briefes. Finden wir eine

Veranlassung für das Abweichen von dem Zweck und Ziel des Briefes, wenn nun der Apostel zu dem Kapitel des Glaubens kommt? Ich denke nicht. Der Leitgedanke ist immer noch „besser", und die Absicht ist, die Herrlichkeit des Glaubens Jesu zu zeigen im Vergleich mit den Worten und Taten der Väter und Propheten. Es war der Glaube jener Tage. Es war der Glaube für jene Zeit. Bedenke, daß dieses Kapitel mit den Worten schließt: „Gott hat etwas *Besseres* für uns zuvor ersehen, daß sie nicht ohne uns vollendet würden."

Mit anderen Worten, die Taten und Zeugnisse der Vorväter wurden wie Bilder in einer Galerie für die zu Christus bekehrten Juden aufbewahrt, um gesehen und bewundert zu werden. Hier finden wir die Lebensbeschreibung von Abel und Henoch. In einem Bild des Gehorsams gegen das göttliche Wort werden Noah, Abraham, Sara, Isaak und Jakob gezeigt. Dann kommen Mose und Josua, welchen die lange Reihe der großen Glaubenden jener Tage folgt, bevor Jesus in dem Stall zu Bethlehem geboren wurde. Aber nun ist Jesus da, und nirgends in dem ganzen Brief sagt der Apostel den Hebräern oder uns, daß sich unser Glaube nach dem Beispiel der Väter richten sollte oder daß er in seinem Wirken und Handeln dem Glauben der Väter ähnlich sein müßte. Statt dessen redet er von etwas „Besserem". Er zeigt uns die Blume, die der Wurzel entsprossen ist.

Glaube in früherer Zeit wurde durch Wort und Werk im Gehorsam gegen das Gesetz kundgetan. Das war nun zu wenig. Wort und Tat waren nur ein Teil, ein geringer Teil von dem, was uns das Neue Testament über den wahren Glauben lehrt. Natürlich sind auch Werke vorhanden. Auch Zeugnisse gibt es. Aber das allein ist nicht Glaube, jedenfalls kein neutestamentlicher Glaube!

Wenn wir zu den alttestamentlichen Berichten jener Männer und Frauen zurückgehen, die uns in Hebräer 11 gezeigt werden, ist es interessant, festzustellen, daß das Wort Glaube in Verbindung mit ihrem Leben überhaupt nicht erwähnt wird. Das Wort Glaube erscheint im Alten Testament im Urtext nur zweimal, und zwar in prophetischem Sinne. Diese Schriftstellen finden wir in Jes. 33, 6 und Hab. 2, 4. Deshalb müssen wir zu der unwiderlegbaren Schlußfolgerung kommen, daß der Apostel das Leben dieser bedeutenden Patriarchen nicht als ein Musterbeispiel hinstellt, dem sie nachfolgen sollten, sondern als einen Beginn für etwas weit Köstlicheres, das sie in Jesus entdecken sollten. Der Glaube, den sie empfangen sollten, umfaßt den Glauben ihrer Vorväter und noch weit mehr. Indem sie das erkannten, wurden sie aufgefordert, die Sünde abzulegen und mit Geduld in der neuen Kampfbahn, die ihnen gezeigt wurde, zu laufen. Was sollten sie tun? Aufschauen auf Jesus, den Schöpfer und Vollender ihres Glaubens! Wenn er der Schöpfer ihres Glaubens und des Glaubens der Apostel war, dann ist er auch der Schöpfer und Vollender meines Glaubens. Jeder wahre Glaube beginnt und endet in Jesus.

Nichts steht vor dem Alpha und nichts hinter dem Omega. Jesus beginnt den Glauben, und der Glaube beginnt in ihm. Jesus vollendet den Glauben, und der Glaube endet in ihm. Wenn ich Glauben haben möchte, muß ich sein Antlitz suchen. Ich kann ihn nicht irgendwo anders finden, sondern nur in diesem Unvergleichlichen, von dem gesagt wird, daß er der Anfänger und Vollender des Glaubens ist, nicht nur seines Glaubens, sondern auch deines und meines Glaubens.

Haben wir den Fehler gemacht, daß wir Hebräer 11 betrachteten und, angeregt durch jene Glaubenstaten, unsere Ärmel aufkrempelten und anfingen, unseren Glauben zu zeigen und ihn durch unsere Taten zu beweisen? Hast du dies jemals getan? Wenn ja, dann hast du sicher auch in Bestürzung vor dem gestanden, was du für unerhörtes Gebet und unwirksame Kraft deines vermeintlichen Glaubens hieltest. Bedenke, daß Glaube tätig ist, aber die Taten kommen aus dem Glauben und nicht der Glaube aus den Taten. Deshalb ist es leicht möglich, die Grenzlinie vom Glauben, den Gott gibt, in das Gebiet der menschlichen Anmaßung zu überschreiten. Vor einiger Zeit wurde mir dies auf wunderbare Weise klar vor Augen gestellt.

Mit einigen Predigern betrat ich das Gemeindehaus in V. Vor der Tür des Gebäudes sahen wir eine freundliche alte Dame, die gerade in einem Rollstuhl von einem Lastwagen heruntergehoben wurde. Ich begrüßte sie mit: „Gott segne Sie!" Tränen quollen aus ihren Augen, während sie antwortete: „Er hat mich gesegnet. Er ist so freundlich und gnädig, und ich fühle gerade jetzt seine Gegenwart." „Sind Sie gekommen, um geheilt zu werden?" fragte ich. „Ja, das bin ich", antwortete sie. „Preis sei Seinem Namen." Nun schaute der Autofahrer herüber und fragte: „Soll ich zurückkommen und Sie nach dem Gottesdienst nach Hause bringen?"

Sie kam von weit her, und sie konnte nur mit dem Lastwagen wieder nach Hause kommen, denn für ein Auto war der Rollstuhl zu groß. Sie zögerte. Dann leuchtete das Licht des Himmels in ihren Augen, und sie erwiderte: „Nein, ich brauche den Lastwagen nicht mehr. Ich werde meinen Rollstuhl hierlassen und mit dem Zug nach Hause fahren." Der Fahrer schmunzelte ungläubig über die seiner Meinung nach törichte Frau. Er fuhr ab. Und sie brauchte den Lastwagen wirklich nicht mehr! Geheilt und voller Freude verließ sie die Versammlung — und fuhr mit der Bahn nach Hause!

Diese Begebenheit erzählte ich in einer Versammlung. Am nächsten Tag erhielt ich einen Brief, in dem mich eine Frau bat, sie in ihrem Häuschen zu besuchen. Ich traf sie auf einer Couch liegend an. Mehrere Leute, die ein Lied sangen, waren bei ihr. Sie schaute zu mir auf und sagte: „Bruder Price, ich habe meinen Rollstuhl verschenkt!" Nun erwartete sie von mir einen Freudenruf. Aber nichts kam. Statt dessen sank mir das Herz. Hier war kein Glaube, und ich wußte es. Sie merkte, daß ich von ihrem Handeln nicht begeistert war, und so wandte sie sich von mir ab und sagte: „Was Gott für eine Frau tun kann, das kann er auch für eine andere tun."

Als ich an jenem Abend das Versammlungshaus verließ, war sie wieder der Mittelpunkt einer Gruppe, die darauf bestand, daß sie aufstehen und gehen sollte. Doch das Wunder geschah nicht, und traurig fuhr sie wieder nach Hause, weil der Herr von ihr sagen mußte: „Eines fehlt dir." Die Handlungen der beiden Frauen waren genau gleich. Aber in einem Fall war es Glaube, und in dem anderen war es Einbildung und Anmaßung. Bei dem neutestamentlichen Glauben wird die Tat aus dem Glauben geboren, aber nicht der Glaube aus der Tat. Die Tat kommt aus dem Glauben, und der Glaube muß von Gott kommen.

Das ist nun der „bessere" Weg, von dem uns der Schreiber des Hebräerbriefes berichtet. Mit dieser Absicht und aus diesem Beweggrund hat er uns das sogenannte Glaubenskapitel hinterlassen. Hast du nicht auch schon bewundernd die geoffenbarte Güte und Großmütigkeit des Herrn betrachtet? Ja, er versagt denen nichts, die vor ihm aufrichtig wandeln. Hast du Kummer? Bringe ihn zu Jesus. Hast du ein Problem? Lege es zu des Meisters Füßen. Fange an, ihm zu vertrauen. Wenn du ihm deine Zuversicht und dein Vertrauen schenkst, dann wird es nicht lange dauern, bis er dir den rechten Glauben schenkt, der grenzenlos und weit ist wie der Ozean.

Gott sieht die Person nicht an. Er liebt den Schwächsten und Einfältigsten unter uns. Wir kommen uns in unseren eigenen Augen oft so wichtig vor und sind stolz auf unsere geistliche Vollkommenheit. Die Selbstgerechtigkeit, die sich in vielen Zeugnissen so eitel zur Schau stellt, kommt aus dem Ich. Gott sieht es und verachtet diese Selbstgerechtigkeit. Wir müssen geistlich wieder werden wie die Kinder. Komme mit aufrichtigem Herzen, und laß die Glocken der Liebe in deinem Herzen läuten. Komme wie ein Kind zu dem, der einmal ein kleines

Kind in die Mitte seiner Jünger stellte und dann zu ihnen und zu den Pharisäern sagte: ,,Es sei denn, daß ihr werdet wie die Kinder, sonst werdet ihr nicht ins Himmelreich kommen.“ Komme vertrauensvoll zu Jesus, tritt dicht an ihn heran. In diesen Tagen der Gnade kann wahrer Glaube nur in ihm gefunden werden, und in ihm allein wirst du volles Genüge für alle deine Not finden. Was Noah hatte, war gut; aber was wir haben, ist besser. Noah hatte Gottes Wort, aber wir haben Gottes Sohn. Noah baute auf Gottes Wort, aber unser Fundament ist Jesus selbst. So lesen wir in diesem bemerkenswerten Kapitel immer wieder: Die Herrlichkeit Gottes spiegelt sich in den Taten jener Menschen, die Gott glauben und im Gehorsam gegen ihn leben. Henoch war einer von ihnen. Eines Tages ging er hin, um mit Gott zu wandeln und Gemeinschaft mit ihm zu haben. Von dieser Begegnung mit seinem Gott und Schöpfer ist er nicht mehr zurückgekehrt. Gott hat ihn entrückt. Als Jesus auf die Erde kam, da nahm in ihm der Glaube Gottes sichtbare Gestalt an. Auf dieses Neue, das wir im Leben Jesu sehen, macht uns der Hebräerbrief aufmerksam. Der Apostel sagt: ,,Was ihr hattet, war der alte Glaube — aber hier ist der neue.“

Christus ist gekommen, um uns alles in allem zu sein. Die Liebe des Vaterherzens zeigte sich nicht nur in der Tatsache, daß er nicht nur fähig, sondern auch *willens* ist, uns zu geben, was wir brauchen. Ich habe die Lebensbeschreibung von Georg Müller gelesen. Da erzählt der Schreiber dieser Lebensgeschichte, daß er an einem warmen Sommertag die Straße in Ashley Hill/ Bristol entlang wanderte, die zu Georg Müllers Waisenhaus führte. ,,Oben angekommen, sah ich das große Gebäude, das etwa 2000 Waisenkindern eine Heimat bot. Erbaut von einem Mann, der der Welt eine Lektion vom wahren Glauben erteilte. Er selbst wohnte im ersten Haus rechts inmitten der elternlosen Kinder, für die er lebte. Auf mein Klingeln öffnete mir ein Waisenkind die Tür und führte mich über eine Steinterrasse zu den

Räumen, in denen sich Georg Müller aufhielt. Als ich ihn besuchte, hatte er das bemerkenswerte Alter von 91 Jahren erreicht. Ehrfurcht erfüllte mich, als ich ihm gegenüberstand. Ich mußte an 3. Mose 19, 32 denken: Vor einem grauen Haupt sollst du aufstehen und die Alten ehren. Er reichte mir freundlich die Hand und hieß mich willkommen. Es ist etwas Besonderes, einem Mann zu begegnen, durch den Gott ein mächtiges Werk vollendet hat, Gottes Stimme aus ihm zu vernehmen und zu fühlen, wie der warme Odem seiner Seele in die eigene Seele strömt. Die Begegnung dieser Stunde wird für immer in meiner Erinnerung lebendig sein.

‚Ich habe Ihre Lebensbeschreibung gelesen und dabei festgestellt, wie schwer Ihr Glaube von Zeit zu Zeit geprüft wurde. Was sagen Sie heute dazu?' fragte ich. Georg Müller richtete sich auf und blickte mir ins Gesicht mit einem Ernst, der die Tiefen meiner Seele zu erforschen schien. Es lag eine unvergleichliche Majestät in diesen klaren Augen, die berufen waren, geistliche Geheimnisse zu erkennen und die verborgenen Schätze Gottes zu sehen. Nach einer kleinen Weile, während der sein Angesicht eine ganze Predigt war und aus der Tiefe seiner Augen ein Feuer aufflammte, faltete er seinen Mantel auseinander und holte aus seiner Tasche einen Geldbeutel hervor. Er legte ihn in meine Hand und sagte: ‚Alles, was ich besitze, ist in diesem Beutel. Habe ich für mich etwas aufbewahrt? Nein! Immer, wenn ich Geld für meinen persönlichen Gebrauch erhielt, übergab ich es Gott. Ich habe solche Gaben nie so betrachtet, als gehörten sie mir, sondern sie gehören ihm, dem auch ich gehöre und dem ich diene. Für mich behalten? Das hieße meinen geliebten, gnadenreichen Herrn beleidigen! Die Sache, auf die es ankommt, ist: Nicht aufgeben, bevor die Antwort da ist! Ich habe 52 Jahre Tag für Tag für zwei Männer gebetet. Söhne eines Jugendfreundes. Sie sind auch jetzt noch nicht bekehrt, aber sie werden errettet werden. Wie kann es auch anders sein? Wir haben die unwandelbaren Verheißungen des Herrn — und auf diese baue ich. Das große Versagen der meisten besteht darin, daß sie nicht beharrlich sind im Gebet. Wenn sie irgend etwas zur Verherrlichung Gottes begehren, sollten sie beten, bis sie es empfangen haben. O wie gut, freundlich und gnadenvoll ist er, mit dem wir es zu tun haben! Er hat mir, der ich so unwürdig bin, mehr gegeben, als ich erbeten hatte. Ich bin nur ein armer, sündiger Mensch, aber er hat dennoch meine Gebete erhört. Er brauchte mich zehntausende Male, vielen anderen in aller Welt den Weg des Glaubens zu zeigen. Meine unwürdigen Lippen haben den Menschen die Errettung verkündigen dürfen, und viele haben den Glauben, der zum ewigen Leben führt, gefunden.'"

So sprach Georg Müller. So sprach ein Mann unserer Zeit, der gelernt hatte, daß wahrer Glaube allein von Gott kommt. Er hatte gelernt, daß Jesus freimütig Gnade austeilt und daß er seine Jünger lehren wollte, wie wichtig es ist, die Gnade des Empfangens zu begreifen. Wenn er Geld nötig hatte, ging er nicht zu den Menschen, die es hatten, sondern zu Jesus, der mächtig genug war, zu den Herzen derer zu sprechen, die es geben sollten. Sein Glaube wuchs aus der täglichen lebendigen Gemeinschaft mit dem Herrn und dem ununterbrochenen Bleiben in dem Willen Gottes — und so empfing er mehr, als er bedurfte.

Die Menschen nannten ihn den „Apostel des Glaubens des 19. Jahrhunderts". Ich vermute, daß Georg Müller auch davon gehört hat. Ob er sich dessen bewußt war, daß die Menschen seinen Namen in die Liste der Glaubenshelden eingetragen hatten? Sicherlich hätte er dazu nur gelächelt, denn im letzten Vers des 11. Kapitels im Hebräerbrief heißt es: „Gott hat etwas *Besseres* für uns bereitet." Er hatte herausgefunden, was dieses „Bessere" war, denn einige Verse weiter las er die Worte: „Lasset uns aufsehen auf Jesum, den Anfänger und Vollender *unseres Glaubens*."

So wollen auch wir uns zu Jesus wenden und ihm vertrauen

lernen, daß er uns seinen Glauben mitteilt. Nimm Jesus mit hinein in deine Not. Sprich mit ihm über deine Sorgen. In dem Heiligtum seiner Gegenwart wirst auch du Ruhe und Befreiung von aller Bedrängnis finden, die dich von innen und außen umgibt.

IV.

Ursprung des Glaubens

Ich habe ein ausgesprochenes Unbehagen negativen Predigten und Schriften gegenüber. Es genügt nicht, wenn ein Prediger oder Schriftsteller über den Schaden und die Not der Krankheit spricht oder schreibt, sondern er sollte mir den Weg der Heilung und Hilfe zeigen, damit Herz und Sinn befriedigt werden. Es ist ja sehr leicht, herauszufinden, was nicht recht ist; aber es ist doch viel notwendiger und wichtiger zu wissen, welches der richtige Weg ist. Manchmal ist das letztere allerdings schwieriger, als man vermutet. Aber wir dürfen unsere Fehler berichtigen und auf den Weg der Wahrheit zurückkommen. Oft erleben wir dann, daß uns sogar unsere ehemaligen Fehler nach der weisen Vorsehung Gottes zum Segen gereichen.

Als ich auf einer meiner planmäßigen Reisen in Alaska war, hatte ich ein Erlebnis. Die schneebedeckte, gebirgige Küste Alaskas ist sehr gefahrvoll fur jemand, der keine Kenntnisse des Landes besitzt. Ich traf einen Wanderer, der den Pfad verloren hatte, und ich beschrieb ihm den Weg in das Tal zurück zu seinem Lagerplatz. Nach etwa zwei Stunden war er wieder an meinem Lagerplatz und berichtete, daß er den Pfad trotz meiner

Erklärungen wieder verfehlt habe und immer im Kreise herumgelaufen sei. Er bat mich, doch mit ihm zu gehen, bis er sicher sei, die Richtung zu finden. Wochen später erreichte mich ein Brief dieses Mannes, in dem er mir schrieb: „Zu wissen, daß man auf dem richtigen Weg ist, ist eine herrliche Sache; aber auf den richtigen Pfad zurückzukehren, nachdem man einen falschen Weg gegangen ist, das ist ein viel größerer Segen und eine viel größere Freude."

Wie wahr ist das doch! Nach dem Regen begrüßen wir den Sonnenschein; nach der kalten, eisigen Zeit des Winters erfreuen wir uns an den aufspringenden Knospen und dem satten Grün des Frühlings. Nach einem Sturm sind wir für einen wolkenlosen, blauen Himmel besonders dankbar. Ich wollte, ich könnte diejenigen Kinder Gottes, die bisher die Frucht des Heiligen Geistes, den wirklichen Glauben, noch nicht erlebt haben, zurückführen zu der klaren Erkenntnis der Bibel und zum völligen Sieg über den Feind. Ich würde von Herzen glücklich darüber sein, und diese Ausführungen, die ich unter viel Gebet geschrieben habe, hätten ihre Mission erfüllt.

Das Wichtigste — von dem ich wünsche, daß alle Kinder Gottes es völlig erkennen mögen — ist, daß wir von uns aus gar nichts tun können; wir können uns in Glaubensdingen nichts erarbeiten und nichts produzieren. Der wahre Glaube wird uns von Gott selbst gegeben. Es nützt nichts, zu ringen und zu schreien und dann zu behaupten, daß wir Glauben hätten. Wir können auch unsere Wünsche, unser Verlangen und unsere Erwartung nicht durch unsere eigene Kraft in Glauben verwandeln. Der einzige Weg zum wahren Glauben ist, sich völlig dem Herrn zu überlassen, sich allen Ernstes an ihn zu wenden und von ihm zu erwarten, daß er unser Herz mit seinem Glauben erfüllt. Das Wort Gottes sagt klar, woher der wahre Glaube kommt und wie er entsteht: er ist eine Gabe Gottes und eine Frucht des Heiligen Geistes.

In 1. Kor. 13 lesen wir: „Nun aber bleibt Glaube, Hoffnung, Liebe, diese drei; aber die Liebe ist die größte unter ihnen." Vielleicht ist das ein wichtiger Hinweis auch für dich. Die Liebe mag die größte sein, aber ihr voraus geht der Glaube. Der Glaube wird im Korintherbrief zuerst genannt. Wenn du aus deinem Fenster auf die jungen Bäume schaust, siehst du die Schönheit der Schöpfung. Nur Gott kann solche Wunder schaffen. Jedes Blatt mit den winzigen Adern ist eine kleine Welt für sich, durch die das Leben fließt. Aber da ist noch etwas unter dem Stamm, unter der Oberfläche der Erde — weitverzweigte Wurzeln, die du von außen nicht sehen kannst. Ohne diese Wurzeln würde der Baum sterben. Die Wurzeln sind hart und häßlich im Vergleich zu dem schönen Grün der Krone. Dennoch ist das Grün nur da, weil die Wurzeln da sind. Sie gehören zusammen. Laßt uns die Krone des Baumes einmal „Liebe" nennen. Man kann sie sehen, man kann ihre Schönheit bewundern. An dem Duft und der Herrlichkeit ihrer Blüten und Früchte kann man sich erfreuen. Dieses alles existiert aber nur, weil eine Kraftquelle unter dem Stamm vorhanden ist. Das Verborgene ist die Ursache der äußerlich sichtbaren Schönheit.

Nun könnten wir vielleicht annehmen, daß mit den verborgenen Wurzeln der „Glaube" gemeint ist. Nein, so ist es nicht! Der wahre Glaube ist das *Leben*, das in den Wurzeln fließt. Hier stehen wir wieder vor dem wunderbaren Geheimnis, das nur Gott erklären kann. Man kann Wurzeln einpflanzen, die dann doch nicht anwachsen, weil kein Leben in ihnen ist. Wir selbst, unser Ich, unsere alte Natur sind solche toten Wurzeln in Gottes Augen. Unser Verstand, unsere Pläne für unser zukünftiges Leben, alle diese Dinge liegen unter der Oberfläche verborgen und können von Menschen nicht gesehen werden. So ist auch der wahre Glaube, das Leben Jesu in uns, nicht mit menschlichen Augen zu sehen. Was die Welt sieht, das sind die Taten des Glaubens, das Leben des Glaubens und das Wesen des Glaubens. Was meinte wohl Jesus damit, als er sagte: „An ihren Früchten sollt ihr sie erkennen!“ Ja, es wird sichtbar, ob das Leben und der Glaube Jesu in uns wohnen, es wird sichtbar, wes Geistes Kind wir sind. Die Frucht, die auf dem Baum wächst, läßt erkennen, was für einen Baum wir gepflanzt haben. An unserem Lebenswandel wird man erkennen, wer wir in Wirklichkeit sind.

Laßt mich also noch einmal wiederholen: Die Wurzeln des Baumes sind nicht der „Glaube“. Ein Baum kann zwar Wurzeln bilden, aber er kann nicht das Leben in diesen Wurzeln erzeugen. Ich will damit sagen, daß die Wurzeln nicht Leben erzeugen können. Das Leben muß bereits vorher in den Wurzeln sein. Und so ist es das Leben Gottes, das den Glauben in uns erweckt und bildet. Der Glaube ist ein göttliches Geschenk, das in uns hineingelegt wird. Er wird immer dann in uns wirksam werden, wenn wir es nötig haben, den Feind zu überwinden, der Krankheit zu widerstehen, Erlösung in Jesu Blut anzunehmen und die Verheißungen Gottes uns anzueignen. Der Glaube wird dafür sorgen, daß unser Leben Früchte trägt, die von der Welt gesehen werden. Durch den Willen Gottes und durch seine Gnade sollen an unserem Glaubensbaum Tag für Tag neue Früchte wachsen. Wie töricht wäre es da, wenn der Baum um das Leben, das doch von selbst in ihn hineinfließt, ringen würde. Genauso bedarf es keiner Anstrengung, um im Glauben zu leben. Wir brauchen ihn nur anzunehmen. Wir dürfen im Glaubensgehorsam den Gesetzen des Lebens Gottes folgen und das Leben, das in uns ist, offenbar werden lassen. Jesu Leben in uns — das ist das Leben, das Frucht trägt und der Welt die Schönheit Gottes zeigt.

Die Liebe Gottes ist das Größte im Himmel und auf Erden. Der Glaube aber muß notwendigerweise zuerst kommen. Ohne Glauben ist es unmöglich, Gott zu gefallen. Vielleicht sagst du: „Aber ich habe doch Glauben.“ Wie hast du ihn empfangen?

Und wo sind die Früchte? Nähme ich einen rotwangigen Apfel vom Baum und könnte er reden, dann würde er mir vielleicht erzählen, daß er schöne rosige Wangen hätte und daß er gut schmecke. Wenn ich nun diesen kleinen Apfel fragte, woher er dies alles hätte, so würde er mir von dem Schutz der Blätter und von den Zweigen, von dem Regen und dem Sonnenschein erzählen. Und ich würde ihm klarmachen, daß weit unter ihm, in der Erde verborgen, die Wurzeln liegen, die ihm seine Lebenskraft gegeben haben. Und ich würde ihm erzählen, daß kein Baum imstande ist, diesen Lebenssaft selbst zu bilden. Dieses Leben ist eine Gabe Gottes.

Vor einiger Zeit saß ein Atheist in einer Versammlung, in der ich predigte. Er benahm sich sehr zynisch. An jenem Abend predigte ich über das Thema: ,,Glaube — das Unbegreifliche". Ich erklärte, wie es möglich ist, das Unbegreifliche zu glauben, und wie wir die Liebe Gottes kennenlernen können, die alles menschliche Denken übersteigt. Am nächsten Morgen kam er zu mir und bat mich um eine Unterredung. Er brachte viele Argumente vor, und ich sagte ihm, daß ich für Argumente keine Zeit hätte, daß ich aber gern bereit wäre, ihm auf aufrichtige Fragen zu antworten. Darauf erwiderte er, daß er weder an die Bibel noch an Gott glauben könne. Er sähe wohl auch ein Gesetz der Ordnung in der Natur und im Universum, aber wer das so eingerichtet habe und woher es käme, das wisse er nicht. Dann fuhr er fort: ,,Ihre Predigt gestern abend hat mich sehr nachdenklich gemacht. Sagen Sie mir eines ganz ehrlich: Wie kann jemand einem anderen Geld geben, wenn er selbst keines hat? Wie kann man glauben, wenn man keinen Glauben hat? Wie kann Gott erwarten, daß ich glauben soll, wenn ich gar keinen Glauben besitze? Immer vorausgesetzt natürlich, daß es überhaupt einen Gott gibt." Ich entgegnete ihm: ,,Möchten Sie wirklich die Wahrheit wissen?" Er antwortete mir: ,,Welche Wahrheit meinen Sie? Ich war bisher nicht imstande, *die* Wahrheit zu finden, obwohl ich sie mein ganzes Leben hindurch gesucht habe.“ An der Wand meines Zimmers hing ein Bild, das Jesus betend in Gethsemane darstellte. Er hatte seine Hände gefaltet und seine Augen waren zum Himmel gerichtet. Ich ging auf dieses Bild zu und schaute es eine Weile an, ohne auch nur ein Wort zu dem Mann zu sprechen. Ich wußte, daß auch er das Bild betrachtete. Als ich mich wieder zu ihm hinwandte, fragte ich ihn: „Kennen Sie Jesus? Er ist die Wahrheit. Er ist der Weg. Er ist das Leben. Er allein schenkt Glauben. Alles, was Sie brauchen, hat er im Überfluß. Sie haben versucht, ihn mit dem Verstand zu begreifen, aber Jesus kam, um sich uns zu offenbaren. Seine Gnade und Liebe möchten auch Ihr Herz durchfluten. Er kam, um auch Sie von Ihren Zweifeln zu befreien, Sie von Ihrer Furcht und Ihrem Unglauben zu erlösen. Auch für Ihre Sünden trug er das Kreuz.“ „Das klingt wie ein Märchen für mich“, unterbrach er mich. „Wenn Sie das glauben können — schön; aber wie kann ein Mensch oder Gott von jemandem Glauben erwarten, der einfach nicht glauben kann?“

Eine Woche später kam derselbe Mann wieder zu mir und reichte mir die Hand. Als ich ihm in die Augen sah, merkte ich, daß das Wunder geschehen war: Er war sich dessen bewußt, daß Gott ihm seine Sünden vergeben hatte. Die Liebe Gottes hatte aus ihm einen neuen Menschen in Christo Jesu gemacht.

„Wissen Sie, was geschehen ist?“ fragte er. „Ich bat Gott, er möge sich mir offenbaren, wenn es ihn gäbe. Ich bat ihn, mir ein Zeichen zu geben, das mir seine Gegenwart bezeuge. Plötzlich hatte ich die Gewißheit, daß Gott mir ganz nahe ist. Ich erkannte, es gibt einen Gott, und ich habe eine Seele, die gerettet werden muß. Mit meinem Verstand konnte ich das nicht erfassen, aber in meinem Herzen wußte ich es. Dann gestand ich Gott, daß ich nicht glauben könne. Da schenkte er mir seinen Glauben.“

Das ist Gottes Weg der Rettung. „Wie viele ihn aber aufnahmen, denen gab er Macht, Gottes Kinder zu werden, die an seinen Namen glauben" (Joh. 1, 12). In den Versammlungen rufe ich immer wieder Männer und Frauen dazu auf, ihr Herz und ihr Leben Jesus zu weihen. Sie sind wohl durch den Glauben gerettet worden, aber wie kann ich wissen, daß alle Glauben haben, um Jesus anzunehmen? Wie kann ich wissen, daß jeder, den ich einlade, ewiges Leben finden kann? Einige haben vielleicht Glauben, aber andere überhaupt nicht. Die Tatsache, daß die Leute glauben, was ich sage, ist noch kein Beweis dafür, daß sie wirklich *Glauben* haben — den Glauben, der sie gewiß sein läßt, daß ihre Sünden vergeben wurden.

Trotzdem sage ich in den Versammlungen immer wieder: „Wer da will, komme her", weil ich weiß, daß Gott den Glauben, den ein aufrichtiges Herz erbittet, schenken wird. Ich habe Johannes 1, 12 zitiert. Jetzt möchte ich auf den nächsten Vers hinweisen. Dort heißt es: „Welche nicht von dem Geblüt noch von dem Willen des Fleisches noch von dem Willen eines Mannes, sondern von Gott geboren sind." Derselbe Heilige Geist, der den Menschen von seinen Sünden überzeugt, wird ihm jetzt den Glauben schenken, der zu seiner Errettung führt. Niemand besitzt diesen Glauben aus sich selbst. Wird uns nicht gesagt: „Aus Gnade seid ihr selig geworden durch den Glauben, und das nicht aus euch; Gottes Gabe ist es"? Die arme, unglückliche und unwissende Menschheit könnte niemals von sich aus so viel Glauben entfalten, um an einen Heiland wirklich glauben zu können, geschweige denn ihn aufzunehmen. Deshalb bewirkt der Heilige Geist nicht nur die Überzeugung von der Notwendigkeit eines Heilands, sondern er schenkt auch den Glauben, ihn im Herzen aufzunehmen.

Denke niemals, daß es dein Glaube war, durch den du Jesus als deinen Retter angenommen hast. Sei auch nicht der Meinung, daß irgendeine deiner Taten die Grundlage für deine Erlösung bildete. Es ist Jesus, der das Wasser gibt, von dem er zu der Samariterin am Brunnen sprach. Es ist Jesus, der dir die Last abnimmt. Es ist Jesus, der in die zerrissenen und zerbrochenen Herzen das Öl himmlischer Freude gießt. Es ist Jesus, der die Sorgenfalten glättet, und es ist Jesus, der dich aus der Dunkelheit der Nacht in das Licht seines Tages bringt.

Oh, es ist Jesus, oh, es ist Jesus,
oh, es ist Jesus nur allein!
Ich hab' berührt den Saum seines Kleides,
und sein Blut, es macht' mich rein!

Singe auch du dieses Lied! Verkünde die Liebe Jesu, sein Blut, seine Barmherzigkeit, seine Macht, seine Gnade, seinen Glauben!

Wann werden wir unser törichtes und nutzloses Ringen aufgeben und wirklich anfangen zu glauben? Wann werden wir aufhören, verstandesmäßig Glauben finden zu wollen, den wir allein von Gott erhalten können? Wir sind wohl fähig, einen gewissen Glauben zu haben, aber völlig unfähig, biblischen Glauben auszuüben. Es gibt einen Unterschied zwischen Glauben und Glauben. Viele Tausende leben in dem Irrtum, daß menschliches Dafürhalten schon Glaube sei. Das Dafürhalten ist vom Verstand bestimmt; und es wirkt nur im Bereich des Verstandes. Es gibt auch sündige Menschen, die die Bibel für wahr halten, aber solcher Glaube errettet sie nicht.

Wahrer Glaube ist lebendig. Er wirkt und drängt vorwärts und vertreibt die Sünde aus der Seele, bevor sie sich einnisten kann. Muß man dazu allen Glauben der Welt haben? Nein, du brauchst dazu nur Glauben so groß wie ein Senfkorn — wenn es Gottes Glaube ist. Dann wirst du Berge versetzen können. Deine ehemals kranke Seele wird die Herrlichkeit Gottes schauen. Aber es muß Gottes Glaube sein. Er muß von ihm kommen. Er muß ihn dir mitteilen. Und er wird es auch tun. Das ist das

Evangelium der Gnade, an das ich glaube. Ohne Jesus ist die Straße nach Jericho eine Straße wie jede andere; aber mit ihm ist sie der Weg zum Heil und zur Errettung. Ohne ihn ist die Straße staubig und beschwerlich, voller Tränen und Blindheit und Dunkelheit. Mit Jesus bricht aus dem Staub die Blume der Gnade und der Herrlichkeit hervor; die Tränen werden zu Perlen, und die Blindheit und Dunkelheit verwandelt sich in Licht. Es braucht nur die Gegenwart Jesu, um das Wunder der Straße von Jericho zu wirken. Der Blinde saß nicht am Wege und sprach zu sich selbst: „Ich bin geheilt, ich kann sehen; wenn ich doch nur glauben könnte, daß ich geheilt bin und sehen kann, dann würde es geschehen ...!" Nein! Er hörte, daß Jesus von Nazareth vorüberging. Da rief er: „Jesus, Jesus, hilf mir! Bitte, hilf mir; ich kann mir selbst nicht helfen!" Höre die Worte Jesu und präge sie dir gut ein: „Was willst du, das ich dir tun soll?" Beachte, daß es nicht heißt: „Was willst du, das du tun sollst?"! Jesus sagt einfach: „Gehe hin; dein Glaube hat dir geholfen." „Dein Glaube", sagte Jesus. Woher hat der Blinde Glauben gehabt? Wer hat ihm diesen Glauben mitgeteilt? Wenn es sein eigener Glaube war, warum wurde er dann nicht schon geheilt, bevor Jesus diesen Weg entlangzog? Wenn du mir eine Uhr schenkst, dann ist es meine Uhr; aber ich habe sie von dir bekommen. Während ich diese Zeilen schreibe, fühle ich den Glauben in meinem Herzen. Aber ich weiß auch, woher ich ihn habe — er ist nicht meinem Verstand entsprungen, nicht meinem Willen und nicht meinem Dafürhalten, sondern er kommt von Jesus allein. Denn er ist der Schöpfer und Vollender unseres Glaubens. Welch eine Gnade! Welch eine göttliche Liebe, die alle menschliche Liebe übersteigt! Die Freude des Himmels ist so auf die Erde gekommen.

Ich will euch ein Gleichnis erzählen: Es wurde einmal eine Eichel in die Erde gelegt. Sie keimte und wuchs, und als die Frühlingssonne hervorkam, trieb sie die ersten Blätter. Sie fing an zu wachsen. Es kam ein Mann des Weges und legte einen großen, schweren Stein auf die Eichel. Da begann sich die Eichel zu sorgen und zu grämen. Sie glaubte, nicht weiterwachsen zu können. Ihre ersten zarten Blätter und die Kraft, die in ihr war, stießen an den schweren Stein und die kleine Eichel wuchs und wuchs. Eines Tages hob sich der Stein. Er wurde weggestoßen, und die kleine, schwache Pflanze triumphierte vor Freude. Wer hatte den Stein gehoben? Der Same? Die Eichel selbst? Nein, es liegt eine Kraft in dem Samenkorn, die kein Mensch der Welt nachbilden kann. Es ist die Kraft Gottes, die Steine wegstößt und Felsen zersprengt.

Mein Freund, du gleichst dem Samen. Auch du sollst wachsen und gedeihen zur Verherrlichung Gottes. Die Kraft des Glaubens kann sich in deinem Leben so mächtig zeigen, daß die Menschen staunen werden. Wenn dann der Kampf vorüber und der Sieg erlangt ist, darfst du nicht sagen: „Schaut nur, was ich durch den Herrn geschafft habe“, sondern knie vielmehr am Fuß des Kreuzes nieder und sage: „Ist es nicht wunderbar, daß seine Gnade und sein Glaube in mir offenbar wurde?“

V.

Kraft für sein Werk

Was mich veranlaßt hat, diese Zeilen zu schreiben, ist das Verlangen meines Herzens, dieses Bauen auf Jesus, dieses Vertrauen zu ihm in all unseren Nöten aufzuzeigen. Wie oft können wir beobachten, daß ein Christ zusammenbricht, weil er den Weg der Demütigung geführt wurde, der ihn seine wahre Stellung zur Gnade Gottes erkennen lassen sollte. Wenn wir in unserem Leben immer siegreich sind, führt das leicht zu Selbstgerechtigkeit. Da wir Kraft von Gott empfangen haben und seine Gnade uns hält, entwickelt sich im Herzen leicht das Gefühl der Unüberwindbarkeit. Wir werden vielleicht stolz und selbstgerecht. Wir sind uns und unserer Stellung zu sicher. Damit aber stehen wir auf gefährlichem Boden. ,,Wer sich läßt dünken, er stehe, mag wohl zusehen, daß er nicht falle" (1. Kor. 10, 12).

Dem Gläubigen aber, der sich ganz Gott geweiht hat, steht die Kraft Gottes zur Verfügung. Die Erkenntnis dieses Wunders mit seinen unbegrenzten Möglichkeiten verleiht uns den Sieg über die Sünde und das eigene Ich, während wir unseren Weg heimwärts ziehen. Wenn wir diese Verbindung verlieren, verlieren wir nicht nur die lebendige Hoffnung, sondern auch die Möglichkeit eines siegreichen Lebens. Wir sind in allen Dingen von Jesus abhängig. Er schenkt sich uns. Ob wir aber die Gelegenheit nutzen, die seine Gnade uns bietet, hängt völlig davon ab, wie gut wir gelernt haben, auf seine Stärke zu vertrauen.

Laßt uns einen Blick auf jene Stelle in der Bibel werfen, wo von Gott und Abraham die Rede ist. Der erste Vers von 1. Mose 17 macht uns mit der Absicht Gottes bekannt, die so wunderbar ist, daß Menschen in Ehrfurcht und Engel in Bewunderung davorstehen müssen. Der Glaube Abrahams wurde auf die Probe gestellt. Gott hatte ihm eine Verheißung gegeben. Und noch nie hat Gott eine Verheißung gegeben, die er nicht auch erfüllen konnte. Aus den Lenden Abrahams sollte der Same kommen, durch den alle Völker auf Erden gesegnet werden sollten. Zahllos wie die Sterne des Himmels sollte seine Nachkommenschaft sein. Auf diesem Kind sollte die Hand des Herrn mit ihrem Segen und ihrer Kraft ruhen.

Nacht um Nacht träumte der alte Mann von dem glücklichen Tag, an dem diese Verheißung in Erfüllung gehen sollte. Doch der Sand im Stundenglas der Zeit verrann. Wertvolle Jahre gingen vorüber. Abraham wurde kein Sohn geboren. Er war schon 90 Jahre alt, und noch immer hatte sich die göttliche Verheißung nicht erfüllt. Abraham wurde 95 Jahre — und immer noch warteten er und Sara vergeblich auf den verheißenen Sohn. Dann kam das Jahr, in dem Abraham 100 Jahre alt werden sollte. Es war ihm immer noch kein Sohn geschenkt worden. Sein Glaube wollte ihn schier verlassen. Bisher war sein Wandel vollkommen gewesen, er lebte nicht seinem Ich, sondern er lebte dem Herrn. Nun wurde er sehr elend. Ich kann mir vorstellen, daß er mehr als einmal zu den Sternen aufschaute, die er in jener Nacht sah, in welcher Gott ihm die Verheißung gegeben hatte. Aber die Tränen verschleierten seinen Blick, bis sie sich in einem Meer der Sorge und Enttäuschung aufzulösen schienen. Sein Verstand sagte ihm:

„Abraham, du wirst keinen Sohn mehr bekommen.“ Er dachte an Saras Alter. Wie sollten sie da noch einen Sohn haben? Und dennoch — Gott hatte ihm einen Sohn verheißen! Lang und heftig tobte der Kampf im Herzen des alten Mannes.

Eines Nachts sprach eine Stimme zu dem Herzen Abrahams. Er kannte diese Stimme. Abraham erhob die matten Augen und hörte mit seinen schwachen Ohren die Stimme, die zu ihm schon vor Jahren geredet hatte. Gott sprach zu ihm: „Ich bin der allmächtige Gott, wandle vor mir und sei vollkommen.“ Was waren das für Worte! Ich weiß, daß viele Juden diesen majestätischen Namen Gottes „El-Schaddai“ zu erwähnen vermeiden, sich aber auf diesen Namen als auf „den Namen“ beziehen. Was bedeutet dieser Name? Das Wort „EL“ bedeutet „Gott“ oder „der Starke“. Abraham war schwach, aber Gott war stark. Menschen können durch die Macht der Umstände oder durch die Gewalten des Lebens erschüttert werden, nicht aber Gott. Er ist der Starke. Aber was nützt es uns zu sagen: „Gott ist stark!“, während wir selbst schwach sind? Sich der eigenen Schwachheit, des Elends und des Versagens bewußt zu werden und auf seine Stärke zu schauen, verschlimmert nur unseren verlorenen Zustand. Gott ist stark — darüber besteht kein Zweifel. Aber wie steht es mit unserer Schwachheit und Not?

Nun redete Gott zu Abraham. Er sprach zu ihm dieses herrliche und wunderbare Wort, das wie ein Regenbogen die Kluft zwischen dem hilflosen Menschen und dem allmächtigen Gott überbrückte. Er sagtc, cr sci El-Schaddai.

Das Wort „Schad“ heißt im Hebräischen „Brust“. Es steht im ganzen Alten Testament für die Brust der Mutter. Dies ist der Ort, an dem die Lippen des Kindes ihre erste Nahrung erhalten, durch die es gestärkt wird. Es gibt auf Erden keinen lieblicheren

Anblick, als den eines Kindes in den Armen seiner Mutter. Und es gibt für eine Mutter keine schönere Musik als das Lachen ihres Babys. Das Kind ist ein Stück von ihr selbst. Wenn man dieses kleine hilflose Bündel von seiner Mutter trennt, was würde dann geschehen? Es wäre all seiner Kraft und Stärke beraubt.

In dem Wort El-Schaddai schloß der ewige Gott eine ewige Wahrheit in den Wortschatz der Menschen ein. Was Gott meinte, war: Abraham, ich bin deine Stärke. Ich werde dich erhalten. Ich bin El, der Starke, aber ich bin auch Schaddai, der Ernährer und Lebensspender. Es ist nicht nötig, daß du zitterst und daß dein Glaube schwach wird. Nimm meine Stärke an, wie das Kindlein die Milch des Lebens annimmt. Du sollst nicht straucheln, Abraham, sondern sollst vor mir wandeln und vollkommen sein.

So sprach der Herr. Das ist die Lektion, die wir zu lernen haben. Gott ist die Quelle, die nie versiegende Vorratsquelle, die all unsere Bedürfnisse stillt — Gnade, die all unsere Sünden bedeckt; Liebe, die all unsere Übertretungen vergibt; Kraft, die alle Wunden heilt; Stärke, genug für unsere Schwachheit. Wir haben wohl gelernt zu glauben, aber in einem Punkt haben wir doch versagt: Wir glauben wohl, daß Gott uns diese Dinge gibt, aber wir haben noch nicht gelernt, sie in Empfang zu nehmen. Die Mutter gibt ihrem Kind die Milch, aber das Kind muß sie auch annehmen. Der Zustrom göttlicher Natur und göttlicher Stärke ist von zwei Dingen abhängig: Du mußt erkennen, daß Gott sich dir schenken will, und du mußt lernen, dieses Geschenk anzunehmen. So unfehlbar wie das Gesetz des Säens und Erntens und so unwiderruflich wie der Wechsel von Tag und Nacht ist, so ist es auch die große Wahrheit, daß Gott immer bereit ist, dir in jeder Not zu helfen, wenn du nur bereit bist, seine Hilfe anzunehmen. Gepriesen sei sein Name! Er ist El-Schaddai! Sagt Paulus nicht, daß wir „Teilhaber der göttlichen

Natur“ werden? Und hat nicht Gott selbst gesagt: „Meine Gnade genügt für dich“? Trotz all unserer Großtuerei, unserer Selbstgerechtigkeit und unserem geistlichen Hochmut liebt Gott uns. Er wird sich wohl fragen, warum wir es nicht lernen wollen, alles das von ihm anzunehmen, was wir jeden Augenblick des Tages brauchen. Betrachten wir Elia. Er hatte aufgegeben. Er, der das Herz eines Löwen hatte, wurde auf dem Kampffeld der Seele geschlagen — und das, nachdem er einer ganzen Armee gegenübergestanden hatte! Wir wissen, wie er 40 Tage und Nächte ohne Nahrung zum Horeb, dem Berge Gottes, ging. Woher hatte er die Kraft?

Wer gebot David, in seiner Schwachheit gegen den Riesen Goliath zu kämpfen? Wer lenkte den Stein, daß er unbeirrbar traf? Wer gab Davids Arm die Kraft und seinem Herzen den Mut? Wer riß die Mauern Jerichos ein, und wer schlug das Heer des Sanherib, als die Assyrer wie eine Herde Wölfe ins Land einfielen?

Wer befreite Israel, und wer führte das Volk aus Ägypten? Wer öffnete Petrus die Gefängnistüren, und wer verlieh Stephanus die Gnade, für seine Mörder zu beten? Wer trocknete die Tränen Marthas und wer tröstete das gebrochene Herz Marias?

Wer rettete unsere schuldbeladene Seele, als wir am Fuße des Kreuzes niederknieten? Wer verwandelte unsere Finsternis in Licht? Wer steht in diesem Augenblick an unserer Seite und ist willig und bereit, uns Gnade und Herrlichkeit zu schenken? Wer steht uns bei in unserer Schwachheit, heilt unsere Krankheit, stärkt uns in der Versuchung, befreit uns aus der Knechtschaft und gibt uns Gnade in jeder Not? Wer kann es sein als Jesus?

El-Schaddai redet auch heute noch zu den Herzen der Menschen, so daß wir singen können: „Kraft für den Dienst hält der Herr uns bereit.“ Nimm auch du sein Leben an. Empfange die Gnade, die er dir zukommen lassen will. Es ist mehr als du brauchst, und es ist möglich, vor ihm zu wandeln und vollkommen zu sein — nicht aus eigener Kraft, sondern in Christus.

Ich weiß, wovon ich rede. Ich bin vom Herrn berufen worden, das Evangelium hier auf Erden zu verkünden. Die größte Freude meines Lebens ist es, Seelen für ihn zu gewinnen. Jesus leitet mich und gibt mir Kraft für diese Aufgabe. Die Evangelisationen dauern meist acht bis zehn Wochen, und manchmal bin ich müde und verbraucht. Eines Abends saß ich in einem Nebenraum des Zeltes; ich war sehr müde und am Ende meiner Kraft. Draußen wartete eine große Zuhörerschar auf den Anfang der Versammlung, und durch die dünnen Wände konnte ich das halblaute Beten der Anwesenden hören. Dann kam der Prediger zu mir und sagte: „Bruder Price, heute abend sind etwa fünfhundert Leute hier, die auf Heilung im Namen des Herrn warten." Fünfhundert! Und ich hatte nicht einmal die Kraft, die ich sonst zum Predigen brauchte! Nun war eine so große Menge da, die dem Herrn begegnen wollte. Für einen Augenblick war es mir, als ob ich weglaufen müßte. Dann überlegte ich, ob ich wohl die Kranken wegschicken und ihnen sagen sollte, sie möchten an einem anderen Abend wiederkommen. Ich schaute durch einen Spalt in der Wand des Zeltes und sah die vielen Leidenden, die auf mich armen Menschen warteten, der ihnen von Jesus erzählen sollte. Mir war, als müßte ich zusammenbrechen. Ich kniete nieder und weinte. „ O Jesus", rief ich, „ich bin so schwach. Ich habe keine Kraft. Ich bin unendlich müde. Ich möchte schon, Herr, aber ich bin nicht fähig, diese Aufgabe auszuführen."

Dann vernahm ich eine stille, sanfte Stimme in der Tiefe meines Herzens: „Du hast keine Kraft? Nimm sie von mir!" Für einen Augenblick dachte ich: Kann dies wahr sein? Gab nicht auch in früheren Tagen der Herr den Menschen seine Kraft? Warum also nicht auch jetzt? „Danke, Herr", betete ich und wartete auf das, was er tun würde. Dann fühlte ich, wie

Wärme und Kraft meinen Leib durchströmten. Ich ging hinaus aufs Podium. Meist predige ich nach Stichworten, die ich mir gemacht hatte. Diesmal aber nicht. Es war keine Schwäche, keine Ermüdung mehr in mir. Ich predigte in seiner Stärke. Voll Glauben redete ich zu den Kranken und sagte ihnen, daß sie heute abend Heilung erlangen würden. Als die Mitternachtsstunde kam, war ich immer noch dabei, meine unwürdigen Hände den Kranken aufzulegen. Die Heilungskraft Jesu war gegenwärtig, weil Jesus selbst gegenwärtig war. Dann betete ich noch mit dem letzten. Ich sprach den Segen und wir gingen nach Hause. Als ich wieder allein war, überkam mich eine große Schwäche. Ich war zu müde, um niederzuknien und Jesus für das zu danken, was er heute abend getan hatte. Er war noch El-Schaddai. Ich weiß, daß er mir seine Stärke geliehen hatte, um meiner Schwachheit aufzuhelfen. Er wird auch dir in deiner Not begegnen und nichts Gutes denen vorenthalten, die aufrichtig darum bitten.

Um diese Stärke empfangen zu können, mußt du erst deine Schwachheit erkennen. Unser Vertrauen zu ihm gründet sich auf unsere ganz persönliche Zuversicht. Wir schauen Jesus nicht nach, sondern wir schauen zu ihm auf. Viele folgen ihm nur aus der Ferne. Sie schauen ihm nach, aber sie sind ihm nicht nahe genug, um ihn anzuschauen. Sie bleiben zurück, weil sie Glaubensbekenntnisse nachbeten, sich mit Dogmen befassen, mit anderen über Auslegungen streiten. Dadurch verlieren sie seine Nähe.

Eines Tages kamen zwei Männer mit einer Streitfrage zu mir und erbaten meine Meinung darüber. Ich hörte mir ihre Ausführungen an, und als sie geendet hatten, mußte ich zugeben, daß auch ich die Antwort nicht wußte.

Deshalb sagte ich: „Brüder, das Wichtigste ist nicht, was ihr glaubt, sondern wem ihr glaubt." Vielleicht wirst du dieser Feststellung nicht zustimmen, weil du meinst, es sei von größter

Wichtigkeit, was du glaubst. Wenn du aber einst die Pforten der himmlischen Heimat erreichst, wirst du den Engeln nicht sagen, daß du den Himmel auf der Leiter eines Glaubensbekenntnisses erklommen hast. Du wirst bezeugen, daß du nur durch den Einen, der für dich am Kreuz auf Golgatha gestorben ist, heimgefunden hast.

Hast du schon gelernt, Jesus für alle Bedürfnisse deines Lebens anzunehmen? Hast du schon erfahren, was es heißt, in Jesus zu bleiben? Bist du zu der Erkenntnis gekommen, daß du allein ein elendes Nichts bist? Weißt du, wie schwach du allein bist und wieviel Kraft du brauchen würdest? Möchtest du nicht lieber in der Haut des Zöllners dort im Tempel stecken als in der Haut des Pharisäers, der sich sehr stark in seiner Gerechtigkeit fühlte und so stolz auf seine Taten war? Nur so weit, wie wir abnehmen, kann Jesus zunehmen — abnehmen in unserem Eigenleben, in unserer Ichbezogenheit und in unserer Selbstgerechtigkeit.

Das Haus, das auf Sand gebaut ist, steht so lange sicher, bis Wind aufkommt und der Sturm darüber hinwegfegt. Das Haus aber, das auf einen Felsen gebaut ist, steht fest im Sturm. Auch wenn die Winde noch so stark an den Mauern rütteln, bleibt es stehen. Die Stärke liegt nicht im Haus, sondern im Felsen. Der Fels verlieh dem Haus seine Stärke. So verleiht Christus auch uns Stärke. Wir erleben das in jedem Augenblick des täglichen Lebens. Er fordert dich auf, ihn zu erproben. Er drängt dich, ihn zu prüfen. Warum willst du leer bleiben, wenn er dir das Leben in seiner ganzen Fülle anbietet? Warum willst du hungern, wenn du gesättigt werden kannst? Warum gehst du wie ein verirrtes Kind daher und bist verzweifelt, weil du den Weg nicht weißt? Es ist viel besser, deine Hand in seine Hand zu legen und auf seine göttliche Stimme zu hören, die zu dir spricht: „Folge mir; ich werde dich nach Hause bringen.“ Dann verwandelt sich die Wüste unseres Lebens in einen Blumengarten.

Unsere sterblichen Ohren vernehmen himmlische Musik. Steinige Wege werden zu Pfaden, die in sein Heiligtum führen. Er ist es, der uns mit jedem Schritt sicher auf diesem Weg führt und leitet.

O meine Seele, rühme dich nicht deiner Vollkommenheit in Gedanken und Taten — schwach ist alles, was du tun kannst in dem Licht, das vom Kreuze her strahlt! Wie klein ist die Arbeit, die wir leisten können, wenn wir auf ihn und seine Hände sehen, die am Holz des Kreuzes durchbohrt wurden. Wie wenig bedeuten die Titel der Menschen, verglichen mit der Inschrift am Kreuz. Das, was wir tun können, ist so gering im Vergleich mit dem, was er getan hat. Wie wunderbar ist seine Führung! Wie köstlich seine Gnade! Wie geht es doch über das Fassungsvermögen unserer Sinne hinaus, daß Jesus immer bereit ist, uns mehr zu geben, als wir brauchen.

Kürzlich besuchte eine alte Dame eine meiner Versammlungen. Ich sprach, wie in diesem Buch auch, über den Glauben. Die alte Dame war sehr krank.

Immer wieder wurde sie gesalbt, aber niemals hatte es die erwartete Wirkung. Nach der Beendigung der Versammlung saß sie still auf ihrem Platz, doch ihr Gesicht zeugte von einem inneren Kampf. Plötzlich faltete sie ihre Hände zum Gebet und sagte flehentlich: „O Jesus, ich habe es so lange mit meinem eigenen armen Glauben versucht. Gib mir etwas von deinem Glauben.“ Und er tat es. Das ist das Geheimnis des Sieges. Das ist das Geheimnis des Überwindens. Das ist das Geheimnis, die eigene Last zu seinen Füßen niederzulegen, um sie niemals wieder aufzunehmen. Das ist die Herrlichkeit von El-Schaddai. Das ist die Botschaft von Gott, für dich und für heute. Während du auf dem Pfad der Zeit zu den Pforten der Ewigkeit pilgerst, wirst du dir bereits des Himmels auf Erden bewußt. Während du dich dem Teil näherst, an dem du eingehen wirst in die himmlische Heimat, wird der Gesang von der Gnade und Herrlichkeit Gottes dich begleiten: seine Gegenwart, seine Stärke, seine Macht, seine Liebe, sein Glaube, seine Gnade. Und während du vorwärts und aufwärts gehst, wirst du singen:

> Jesus führt mich alle Wege,
> gibt mir Kraft in jeder Not,
> stützt mich treu im dunklen Tale,
> speist mich mit dem Lebensbrot.
> Schweb' ich einst durch ew'ge Fluren,
> mit des Siegers Schmuck geziert,
> will ich das auf immer rühmen:
> Jesus hat mich treu geführt!

VI.

Glaube versetzt Berge

Die Straße von Bethanien windet sich höher und höher den Berg entlang, bis der Weg jäh vor der Mauer von Jerusalem endet. In der anderen Richtung führt der Weg abwärts und durch einen engen Hohlweg in ein felsiges, ungastliches Land, das sich bis zu den Gefilden Gilgals und dem Toten Meer erstreckt. Eines Tages ging Jesus mit seinen Jüngern auf dieser Straße nach Jerusalem. Jesus hatte Hunger. Wir können es kaum glauben, und doch war es so. Stelle dir einmal vor: Gott war hungrig in einer Welt, in der alle Pflanzen und Bäume seiner Schöpfermacht vorhanden waren. Aber Jesus war Mensch. Und er hatte seinen Thron verlassen, um mit den Menschen die Freuden und Leiden ihres täglichen Lebens zu teilen.

Am Bergabhang stand ein Feigenbaum, der voller Blätter war. Der Meister und seine Jünger näherten sich diesem Baum, um zu sehen, ob auch Feigen daran hingen. Doch der Baum trug keine Früchte. Es war ein Feigenbaum ohne Feigen. Deshalb verfluchte ihn der Herr und prophezeite, daß auch in Zukunft niemals wieder ein Mensch von seiner Frucht essen würde, denn er würde keine mehr tragen. Warum tat Jesus das? Schon bevor er sich dem Baum genähert hatte, wußte er, daß keine Feigen daran waren.

Jesus tat niemals etwas ohne Absicht. Alle seine Worte und Werke hatten einen Grund. Die Sache mit dem Feigenbaum muß also eine Bedeutung gehabt haben. Er wollte seinen Jüngern eine Lehre erteilen, er wollte auch dir und mir eine Lehre erteilen. Was wollte uns Jesus mit dem Beispiel vom Feigenbaum sagen?

Als Jesus und seine Jünger weitergingen, kamen sie nach Jerusalem. Dort trieben sie die Krämer aus dem Tempel, die mit Handel und Geldgeschäften den heiligen Ort verunreinigt hatten. Am nächsten Tag gingen Jesus und seine Jünger wieder auf der Straße nach Bethanien. Petrus deutete auf den Feigenbaum. In Erstaunen und Überraschung rief er: „Meister, sieh!“ Er zeigte auf den Feigenbaum, der völlig verdorrt war. Dann redete Jesus. Er sprach nicht nur zu Petrus allein, er sprach zu ihnen allen. Der Gott, der Mensch geworden war, erteilte den Menschen Anschauungsunterricht, damit sie die Wahrheit Gottes auf natürliche Weise verstehen konnten. Jesus hatte mit Absicht den Baum verflucht. Und nun sagte er zu Petrus und zu den anderen: „Habt Glauben an Gott.“

Neben mir liegt ein Neues Testament in griechischer Sprache. Ich werde diesen Satz „Habt Glauben an Gott“ einmal wörtlich aus dem Griechischen übersetzen. Dabei ist zu beachten, daß der Satzbau im Griechischen anders als im Deutschen ist. Direkt übersetzt heißt dieser Satz: „Und antwortend sagte Jesus: »Habt ihr Glauben von Gott?«“ Das ist die Wort-für-Wort-Übersetzung nach dem Original. So viel zur Erklärung.

Nach diesem Satz: „Habt Glauben an Gott“, fährt Jesus mit seiner Belehrung fort. Er sagt ihnen, wenn sie Glauben hätten und ihn auszuüben lernten, könnten sie nicht nur einen kleinen Feigenbaum verdorren lassen, sondern sie könnten Berge versetzen und sie ins Meer werfen. Er wollte ihnen die unbeirrbare Macht des Glaubens — des göttlichen Glaubens — vor Augen führen. Was ist das für ein Glaube, der Berge versetzen kann? Wenn wir in Markus 11, 22—26 lesen, so sagt uns der Text, daß wir in unserem Herzen nicht an der Vollendung des Wunders zweifeln dürfen, sondern einfach glauben müssen, daß das, was wir uns wünschen, geschehen wird. Wenn diese Bedingung erfüllt ist, dann muß das Wunder — was es auch sei — geschehen; denn dahinter steht das Wort Gottes und hinter seinem Wort steht seine Macht. Dieselbe Kraft, die den Feigenbaum und die Berge schuf; die schöpferische Kraft des Ewigen, die alles, was da ist, ins Leben rief. Sein Wort erschuf aus dem Chaos den Kosmos.

Wir wollen Gott bitten, daß er uns seinen Heiligen Geist gibt, damit wir die göttliche Wahrheit erkennen können. Wenn wir diese Textstelle, wie es allgemein üblich ist, mit „Habt Glauben an Gott" übersetzen, dann bedeutet dies, daß wir der Kraft Gottes vertrauen, Berge zu versetzen. In unserem Herzen sagen wir: „Wenn ich nur genug Glauben an Gott habe, wenn ich nur stark genug glauben kann, und wenn nur jeder Zweifel aus meinem Herzen weicht, dann wird Gott diesen Berg versetzen."

Du versuchst, das Unmögliche zu tun. Doch DEIN Glaube wird niemals stark genug oder rein genug sein, auch wenn du ein ganzes Leben lang darum ringen würdest. Welch ein Fehler ist es doch, unser Vertrauen zu Gott bereits Glauben zu nennen! Es schmerzt mich, wenn ich sehe, wie sich manche bemühen, an den Sieg über ihre Krankheit zu glauben. Sie erkennen einfach nicht den Unterschied zwischen dem Glauben an die Heilkraft Gottes und dem *Glauben* Gottes, der allein den Sieg bringt. Es besteht ein großer Unterschied zwischen dem, was wir den Glauben des Menschen an Gott nennen und dem *Glauben Gottes*, der den Menschen als Gnade zuteil wird. Dieser Glaube ist nicht aus unserer Anstrengung geboren, er ist nicht „machbar".

Jesus sagt nicht: „Wenn ihr die Macht habt, zu glauben, daß Gott den Berg versetzen wird, dann wird er es tun." Er sagt auch nicht: „Wenn ihr fest genug glauben könnt, daß es getan ist, dann wird es getan werden." Sondern er sagt: „Habt den Glauben Gottes." Mit anderen Worten: „Erlangt etwas von dem Glauben Gottes. Wenn ihr ihn habt, besitzt ihr die Kraft, durch welche Berge versetzt und ins Meer geworfen werden können."

Aber nun wirst du mir vielleicht entgegnen, daß Jesus im zweiten Teil seiner Darlegung davon spricht, daß wir von Herzen glauben und nicht zweifeln sollen. Dieser zweite Teil ist ohne den ersten nicht möglich. Solange du noch nicht den Glauben Gottes hast, wird dein Glaube immer mit Zweifel gemischt sein. Erst der Glaube Gottes reinigt das menschliche Herz von Furcht, Besorgnis und allen Zweifeln. Das Seufzen und Ringen, das wir häufig erleben, kommt von Menschen, die ohne den Glauben Gottes an die Vollendung einer Sache glauben wollen. Sie vertrauen gewiß auf die Kraft Gottes und glauben an seine Verheißung, aber den Glauben Gottes zu besitzen, ist etwas ganz anderes.

Dies alles brachte mich zu der Erkenntnis, daß es weit wichtiger ist, den Heiler als die Heilung zu suchen. Im Geheimnis seiner Gegenwart findet die Seele einen Ort, an dem sie geborgen ist. Während sich die Seele von der Welt und den Dingen, die die Welt geben kann, freimacht, gewinnt sie Platz für Dinge, die Gott geben kann. Hast du bemerkt, daß Jesus am Ende der Ausführung vom Glauben, der Berge versetzen kann, seinen Jüngern sagte, daß sie jedem, gegen den sie Groll oder Unwillen empfinden, vergeben sollen? Warum sagte er das wohl in Verbindung mit dieser wichtigen Lehre von dem Glauben, der Berge versetzen kann? Sicherlich deshalb, weil Gott seinen Glauben nicht in ein Gefäß gießen will, das voll Haß und Unduldsamkeit ist.

Die Unzulänglichkeit unserer menschlichen Natur umgibt uns von allen Seiten. Jesus weiß darum. Und mit welcher Geduld behandelt er doch unsere Schwachheit, und wie oft hüllt er unsere Unvollkommenheit mit seiner Gnade ein. Er läßt uns seine liebende Stimme hören, auch wenn wir es nicht verdient haben. „Wie sich ein Vater über Kinder erbarmt, so erbarmt sich der Herr über die, so ihn fürchten." Ich will damit nicht sagen, daß er Vollkommenheit des Lebens und Wandels von uns verlangt, bevor er uns die Gnade seines Glaubens geschenkt hat; aber es gibt vielleicht Dinge, die er von uns fordert, damit seine Segnungen zunehmen können.

Ein Gott, der die ewige und unendliche Liebe ist, will nicht, daß die Herzen seiner Kinder mit Haß erfüllt sind. Wie könnten auch wir, denen so viel vergeben wurde, uns weigern, jenen zu vergeben, die uns vielleicht etwas Böses zugefügt haben?

Die Absicht des Herrn ist ganz klar. Er will, daß die Menschen, die Empfänger des Glaubens aus Gott sein wollen, allen vergeben müssen, die ihnen Unrecht getan haben.

Ich erinnere mich noch gut an eine Frau, die vor einigen Jahren in die Versammlung kam und Heilung durch das Gebet suchte. Sie hatte ein freundliches Wesen, einen guten Charakter, und ihre Familie liebte sie. Eines Abends beteten wir für sie im Namen des Herrn Jesus, und sie ging scheinbar glücklich nach Hause. Sie sagte, sie glaube fest an die Verheißungen Gottes. Aber sie wurde nicht geheilt. In den nächsten Tagen besuchten mich zwei ihrer Töchter und baten mich, noch einmal für ihre Mutter zu beten. Sie liebten ihre Mutter sehr, und sie wußten, daß Gott allein ihre einzige Hoffnung war. Ich sollte die Mutter nochmals salben, und ich tat es. Niemals mehr werde ich das flehentliche und dringende Bitten dieser Menschen vergessen, mit dem sie den Thron der Gnade bestürmten. Sie versuchten zu glauben, sie taten ihr Bestes, um zu glauben; sie strengten sich an zu glauben — aber es schien alles vergeblich zu sein.

Als wir sangen: „Jesus bricht jede Fessel", wischte sich die arme kranke Frau die Tränen aus den Augen. Ohne daß ihr Gebet erhört wurde, verließ sie die Versammlung. Zwei Tage vergingen. Dann kam sie lange vor Beginn der Versammlung in mein Büro. Vor mir stand eine verwandelte Frau. Auf ihrem Gesicht lag ein Leuchten, das aus ihrer Seele kam. „Sie sind geheilt!" rief ich. Sie lächelte und erwiderte: „Nein, noch nicht, aber es wird heute abend geschehen. Ich habe um ein öffentliches Bekenntnis gebetet, und ich bin davon überzeugt, daß mich der Herr heute abend in der Versammlung anhören wird, damit alle sehen, daß er treu ist." Keine Anspannung war mehr vorhanden, kein Abmühen, sondern nur ein friedvolles, köstliches Ruhen im Herrn. Dann erzählte sie mir ihr Erlebnis.

Bedrückt und verzweifelt war sie aus der letzten Versammlung nach Hause gegangen. Sie war am Ende. Sie kniete an ihrem Bett nieder und betete. „Teurer Jesus", seufzte sie, „ich habe so ernsthaft versucht, zu glauben, aber ich kann es nicht. Ich habe versagt, Herr, und dennoch glaube ich an deine Verheißung. Bruder Price hat immer wieder versucht, mich zu heilen. Versammlungsbesucher haben es versucht, und auch sie vermochten es nicht. Was soll ich tun? Rede zu mir, Herr. Meine einzige Hoffnung bist du."

Sie erinnerte sich an eine Frau, die nach ihr ihre Jugendgruppe übernommen hatte. Tief in ihrem Herzen hatte sich ein Gefühl der Abneigung gegen jene Frau entwickelt, die die Herzen der jungen Leute gewonnen hatte, deren Liebe und Zuneigung sie einst erfahren durfte. War es Neid? War es Eifersucht? Sie wußte es nicht. Aber sie wußte, daß dieses Gefühl von Monat zu Monat stärker geworden war. Nun mußte sie an jene Frau denken. Und da erkannte sie, was in ihrem Herzen vorging. Sie erinnerte sich an die Worte des Meisters. „Wenn ihr stehet und betet, vergebt!"

An jenem Nachmittag hatte sie mit dieser Frau eine Stunde

im Gebet zugebracht, und Gott legte ihr eine tiefe Liebe zu ihr ins Herz. Welch eine selige Stunde des Gebets! Welch ein köstlicher Ort der Gemeinschaft, wo wir mit Gott reden können und nur Gott zu uns spricht. Wunden werden geheilt, der Neid zerschmilzt, und die Liebe Jesu strömt in unser Herz. Als sie am Abend nach Hause kam, sagte sie beim Abendessen zu ihrer Familie, daß sie noch heute geheilt würde. Sie wüßte es. Zwar habe sie dafür keine Erklärung, doch diese Gewißheit wäre ihr so wirklich und lebendig wie das Leben selbst. Es gab keinen Zweifel mehr. Keine Fürbitte war mehr nötig. Es war geschehen — und doch noch nicht geschehen. Das ist das scheinbar Widersinnige des Glaubens. Zu mir sagte sie: „Mein Bruder, wissen Sie, was Jesus getan hat?" „Ich weiß, daß mein Herr alles vermag", war meine Antwort. „Er hat mir seinen Glauben gegeben", sagte sie. „Ich weiß nicht, wann ich ihn empfangen habe, aber, Dank sei dem Herrn, ich weiß, daß ich ihn habe!"

An jenem Abend berührte die Heilkraft Christi und die Allmacht Gottes den kranken, schwachen Leib dieser Frau. Durch die göttliche Berührung verschwand ihr Krebsgeschwür. An jenem Abend wurde durch den Glauben, den eine kranke Frau von dem Herrn der Herrlichkeit empfangen hatte, ein Berg versetzt.

Unsere Hauptschwierigkeit liegt darin, daß wir die Heilung statt den Heiland suchen. Was für einen Sinn hat es, das Licht zu suchen und dabei die Sonne zu verschmähen. Die blutflüssige Frau, die in der Bibel erwähnt wird, strengte sich nicht verstandesmäßig an, geheilt zu werden. Sie sehnte sich nur danach, zu Jesus zu gelangen. Und was tat der arme elende Mann auf der Straße nach Jericho? Er schrie seine eigene Hilflosigkeit und seinen Glauben an die Liebe und Kraft Gottes Jesus von Nazareth entgegen. Obwohl unser Herr ihm dann sagte, daß es sein Glaube war, der ihm geholfen hatte, bin ich doch sicher, daß es der Glaube war, den der Herr ihm gegeben hatte. Denn wie könnte ein Mensch genügend Glauben für seine Heilung hervorbringen, wenn er einige Meter auf der staubigen Straße nach Jericho geht? Die Gegenwart Jesu Christi war der Urquell des Glaubens in jenen vergangenen Tagen; die Gegenwart Jesu ist auch die Quelle unseres Glaubens. „Ohne mich könnt ihr nichts tun."

Die wahren Jünger Jesu lesen gern das 12. Kapitel des Römerbriefes. Es ist ein Teil des Evangeliums, mit dem fleischliche Christen nicht gern in Berührung kommen möchten. In diesem Kapitel werden die Möglichkeiten eines abgesonderten, geweihten Glaubenslebens aufgezeigt. Paulus ermahnt die Gläubigen, er drängt sie, vom Guten zum Besseren und von dort zum Besten überzugehen. Sie sollen nicht mit der Welt gemeinsame Sache machen, sondern sich verändern und verwandeln. Das wird durch die Erneuerung des Sinnes zustande gebracht. Wenn man eine neue Rasenfläche anlegen will, wird zuerst der alte Rasen abgetragen. Dann erst wird ein neuer angesät. Diese Erneuerung ist auch im Christenleben notwendig, bevor wir erkennen können, welches der gute, wohlgefällige und vollkommene Wille Gottes ist. Wie soll diese neue Gesinnung aussehen? Paulus fährt in seinem Schreiben fort: „Denn ich sage durch die Gnade, die mir gegeben ist, jedermann unter euch, daß niemand mehr von sich halte, als sich's gebührt zu halten, sondern daß er von sich mäßig halte, ein jeglicher, wie Gott ausgeteilt hat das Maß des Glaubens." Hier ist die Erklärung. Gott teilt jedem Menschen sein Maß des Glaubens zu. Welches Maß? Wieviel? Das hängt ab vom ersten und zweiten Vers dieses Kapitels. Sie gehen dem dritten Vers voran. Wichtig ist, daß Gott den Glauben gibt. Er teilt ihn aus. Die wörtliche Übersetzung aus dem Griechischen lautet: „Jedem hat Gott ausgeteilt ein Maß des Glaubens." In einer modernen Übersetzung heißt es: „In Übereinstimmung mit der Summe des Glaubens, welchen Gott jedem zugeteilt hat." Siehst du nun ein, wie töricht wir sind, wenn wir uns anstrengen und mit dem Verstand glauben wollen, wo wir doch geistlich glauben sollen? Das wäre ein Glaube, der aus dem Kopf entspringt. Der Geist gibt seine Einwilligung; wer aber erneuerten Sinnes ist, wird „Amen" sagen zu allen Werken der Gnade aufgrund seines Glaubens. Glaube wird im Herzen geboren. Das Herz akzeptiert auch das scheinbar Unvernünftige. Es glaubt noch da, wo der Verstand „unmöglich" sagt. Das Herz sieht die Dinge, die sind, so an, als seien sie nicht; und die Dinge, die nicht sind, als seien sie. Der Glaube war es, der Noahs Arm stärkte, damit er in den hundert Jahren, in denen kein Anzeichen einer Flut sichtbar war, an der Arche bauen konnte. Der Glaube ist es, der eine Armee um die Mauern Jerichos marschieren läßt, auch wenn die Vernunft sagt, daß es eine Million Jahre dauern würde, um durch das Marschieren die Grundfeste dieser Stadt zu zerstören. Glaube läßt ein Volk an den Rand eines tiefen und undurchdringlichen Meeres ziehen, um zu zeigen, daß sich der Ozean öffnet, der Menschen den Weg durch die Tiefe freigibt. In diesem Glauben gingen Menschen ohne zu zögern in den feurigen Ofen, und der Glaube bewahrte die jungen Christen in der Löwengrube. Der Glaube vertreibt den Tod von den Leibern der Verstorbenen, und er bringt das entflohene Leben zurück. Gottes Glaube — nicht dein schwaches kümmerliches Abmühen, nicht meine unnützen Anstrengungen sind nötig, die Kräfte des Ewigen zu begreifen. Kann eine Tasse einen Ozean fassen? Kann ein Sandkorn einen Planeten einhüllen? Kann mein armer Verstand die Herrlichkeit eines allmächtigen Gottes begreifen? Nur wenn seine göttliche Liebe mir gegeben wird, nur wenn er sich mir offenbart, kann ich sie verstehen. Aber auch das nur unvollkommen. Wäre es uns geschenkt, die Fülle seiner Herrlichkeit zu schauen — kein menschliches Wesen könnte in seiner Gegenwart bestehen. Nur wenn er mir seine Vergebung zuteil werden läßt, bin ich gerettet. Nur wenn er mir seine Stärke mitteilt, kann ich den guten

Kampf des Glaubens kämpfen. Nur wenn er mir seine Liebe gibt, kann ich meinen Feinden vergeben. Nur wenn er mich emporhebt, kann ich mich über die Welt der Sorge und Sünde erheben. Groß ist das Geheimnis der Gottseligkeit, und weit über unsere Vorstellung hinaus reicht der Plan seiner Erlösung.

Lieber Freund, der du Hilfe nötig hast: am Ende deines Weges mit dir selbst wird er auf dich warten. Er, der Schöpfer und Vollender deines Glaubens will dir dort begegnen. Hinter dir liegen dann Tränen, Sorgen und Herzeleid. Das waren die Gaben der Welt, die keinen Glauben besitzt und kein Vertrauen zu Gott hat. Aber der sonnige Pfad, auf dem Jesus wartet, ist hell und leuchtend. Leuchtend durch seine Gegenwart. Vertraue auf seine Gnade! Ruhe in seiner Verheißung! Von ihm kommt alles Gute und Vollkommene. Und der Weg, den du wandeln wirst, wird immer heller und heller werden. Wenn du schließlich das Heil erlangt hast, dann deshalb, weil er es dir mitgeteilt hat. Wenn du Heilung erlangt hast, dann durch seine göttliche Kraft. Wenn du Glauben erlangt hast, dann deshalb, weil er aus seinem Herzen in dein Herz geströmt ist. Und das ist der einzige Glaube, der deinen Berg versetzen kann.

Du kannst ihn haben. Er will ihn dir geben. Dann wirst du wissen, daß der Glaube — sein Glaube, der dir geholfen hat — eine Gabe Gottes war.

VII.

Gott will es uns leicht machen

Es ist sicherlich leichter, zu Christus zu kommen und um seinen Glauben zu bitten, als zu versuchen, Glauben selbst zu erarbeiten oder zu erzeugen. Aus der Bibel wissen wir, daß Jesus bei jeder Gelegenheit den Glauben der Menschen, die zu ihm kamen, erwähnte. Er lobte sie, weil sie Glauben besaßen. Meine Frage ist nun nicht, ob sie Glauben hatten oder nicht, sondern vielmehr: woher hatten sie diesen Glauben?

Simson hatte große Kraft. Er vollführte Heldentaten, die übermenschlich waren. Aber woher hat er diese Kraft genommen? Er war ein Vorbild im Körperlichen, so wie wir ein Vorbild im Geistlichen sein sollen. „Seid stark in dem Herrn und in der Stärke seiner Macht!" Paulus sagte von sich, daß er stark sei; dennoch erkannte er seine Schwachheit. Aber ist er es nicht auch, der bekennt: „Ich vermag alles durch den, der mich mächtig macht, durch Christus"?

Erinnerst du dich der wunderbaren Begebenheit des gewaltigen Fischzugs? Das frühe Morgengrauen lag noch über den Wassern von Galiläa. Mit ganzer Kraft hatten die Jünger die ganze Nacht gearbeitet, und in dieser Nacht hatten sie nicht einen Fisch gefangen. Als sie nun zur Küste zurückfuhren, stand dort ein Fremdling und wartete auf jene Männer, die nur Mißerfolg aufzuweisen hatten. Mit lauter Stimme rief er ihnen zu: „Kinder, habt ihr nichts zu essen?" Da erkannten sie, daß es Jesus war. Sie hatten nichts gefangen. Mit völlig leeren Händen kehrten sie heim von einer langen, mühevollen Nacht. Jesus wußte es. Er wußte, daß sie nichts gefangen hatten. Dann gebot er ihnen, das Netz an der anderen Seite auszuwerfen. Wie müssen die Jünger gestaunt haben, als sie die vielen Fische spürten, die schwer im Netz lagen. Sie konnten es kaum ins Schiff ziehen. Durch die Hilfe Jesu hatten sie in einem Augenblick mehr Fische gefangen, als durch ihre ganze Anstrengung während der Nacht. Eine großartige Geschichte, aber ich bin noch nicht an die köstlichste Stelle gelangt. Die unglaublichste und herrlichste Stelle des ganzen Berichtes kommt in dem nächsten Ausspruch Jesu. Welch eine Großherzigkeit, welche Güte und Freundlichkeit! Er sagt: „Bringet her von den Fischen, die ihr jetzt gefangen habt!" Wer fing denn die Fische? Jesus sagte, daß sie es taten. Aber ich frage dich noch einmal: Wer fing denn wirklich jene Fische? Du weißt es so gut wie ich, wer sie fing. Es war Jesus. Dennoch sagte er, daß die Jünger die Fische gefangen hätten. In gleicher Weise redet er von unserem Glauben und von unserer Liebe — als ob wir überhaupt etwas tun oder sein könnten, getrennt von ihm.

Markus 5, 27—28 veranschaulicht uns ebenso diese große Wahrheit. Alexander Maclaren sagt: „Das wichtigste an dieser Bibelstelle scheint zu sein, den unvollkommenen menschlichen Glauben darzustellen und die gütige Art Jesu, diesen Glauben zu stärken."

An dieser Stelle ist die Rede von der blutflüssigen Frau. Sie läßt Jesus zunächst vorübergehen. Dann, vorsichtig und schüchtern, bahnt sie sich einen Weg zu ihm, um sein Kleid zu berühren. Denn sie sagte sich: wenn ich auch nur seine Kleider könnte anrühren, so würde ich gesund. Glaubte sie vielleicht, daß eine besondere Zauberkraft in seinem Gewand lag? Nach der Berührung wollte sie wieder in der Menge untertauchen. Die ganze Art, wie sie sich Jesus näherte, zeigt uns, daß das, was wir Glauben nennen, nicht vorhanden war. Sie bat ihn nicht, etwas zu sagen. Wahrscheinlich war ihr die Art und Weise, wie der Heiland wirkte, völlig unbekannt. Dennoch näherte sie sich dem Herrn in ihrer Unwissenheit und in ihrer Not. Und sie berührte ihn. Sie wurde geheilt — auf der Stelle. Der Bericht sagt uns, daß Kraft von Jesus ausging, um die Heilung und das Wunder zu vollziehen.

Die Botschaft dieser Bibelstelle ist die große Wahrheit, daß eine Heilung nicht von einem vollkommenen Glauben abhängig ist, sondern vielmehr von der Verbindung mit Jesus, dem Schöpfer und Vollender unseres Glaubens und dem Geber aller guten Dinge. Ich möchte noch einmal Dr. Maclaren zitieren: „Die Macht und Lebenskraft des Glaubens wird nicht nach seiner Größe gemessen. Der fruchtbarste Boden kann dürre, taube Ähren tragen; und im trockenen Sand können prächtige Kakteen gedeihen, fleischige Aloen, die in der Hitze nicht verdorren. Es ist nicht unsere Sache, darüber zu urteilen, wieviel der Mensch wissen muß, um wahres Vertrauen zu Jesus Christus zu haben. Wenn wir bedenken, wie kurzsichtig wir Menschen sind, wie wenig die meisten Menschen von der biblischen Wahrheit wissen, wie eng unsere menschlichen Grenzen gezogen sind und wie gering unsere Fähigkeiten sind, sollte es uns eine Freude sein, daß ein Glaube, obwohl durch Unwissenheit verdunkelt, dennoch ein Glaube sein kann, der Jesus wohlgefällt."

Das ist es, was ich sagen will: Jesus gleicht unseren Mangel aus. Jesus stillt unsere Not. Als Jesus nach seiner Verklärung von dem Berg heruntergestiegen war, begegnete er einem elenden, unglücklichen Vater und einer Gruppe ohnmächtiger und hilfloser Jünger. Sie hatten mit ihrem eigenen Glauben versucht, den Knaben zu heilen. Es war ihnen nicht gelungen. Der Vater des kranken Jungen war aufrichtig, als er sagte: „Herr, ich glaube; hilf meinem Unglauben." Wiederholt sich nicht dieses Schauspiel der Jünger, die ringend, schreiend und dem Teufel gebietend heilen wollten, auch immer wieder in unseren Tagen? Als Jesus zu ihnen trat, war alles wie verwandelt. Auf Regen folgte Sonnenschein. Auf den Sturm köstlicher Friede. Das wirklich Notwendige ist, daß wir mit Jesus reden, unser eigenes Ringen einstellen und uns von unserer Fürbitte zu der Zuversicht und dem Vertrauen auf ihn wenden.

Ich habe zwanzig Jahre oder länger Versammlungen geleitet, in denen ein überwiegender Teil dem Gebet für die Kranken und Leidenden eingeräumt wurde. Zu diesem Dienst hat mich mein Herr berufen, und diesem Dienst bin ich mit freudigem Herzen gefolgt. Zu seiner Verherrlichung und seiner Ehre berichte ich, daß ich sah, wie Blinde sehend wurden, Krüppel und Lahme sich aus ihren Rollstühlen und Betten erhoben, Krebsgeschwüre und Geschwülste verschwanden durch seine Heilungskraft. Weißt du aber, was ich auch wahrgenommen habe? Allen großen Heilungsversammlungen waren Nächte der Weihe und Zeiten des Gebets vorausgegangen. Wenn die Menge sich nach vorn drängte, um Heilung zu suchen, war die Stimmung in der Versammlung schwer und lastend. Wenn sie aber mehr den Heiler als die Heilung suchten, stand alles im Zeichen seiner huldvollen Gegenwart. Die Macht des Feindes zerbrach. Es kann Selbstmitleid oder sogar Eigenliebe sein, die uns zu seinen Füßen niederknien läßt; aber wenn wir erst einmal dort knien und ihn schauen, wird unser Blick verwandelt. Den Armen und Bedürftigen wird so manches Gut gegeben; und mancher Reiche geht leer aus.

Vor einigen Jahren wurde ein gelähmter Mann in die Versammlung gebracht. Die Leute sagten mir, der Mann sei sehr gläubig und durch sein vorbildliches Leben und seine guten Werke bekannt. Er war ein frommer Mann und liebte zweifellos den Herrn; aber dennoch mußte er ungeheilt aus mehr als einer Versammlung hinweggehen, weil ihm eins fehlte, was ihm sein Meister erst zuletzt offenbarte. Wie sehr beteten die Leute für diesen Lahmen. Ich sehe ihn jetzt noch, wie er sich anstrengte, um als Antwort auf ihre dringenden Bitten aufzustehen und hinwegzugehen. Oft kniete ich neben seinem Stuhl nieder und gebot der Macht, die ihn gebunden hielt, ihn freizugeben. Die Tage gingen vorüber, und es war kein Anzeichen seiner Heilung zu sehen — keine Antwort, die als Erhörung unserer Gebete aus dem Himmel gekommen wäre. Eines Nachmittags fuhren sie den Mann in eine Ecke des Saales. Er bat die Leute, uns allein zu lassen. Dann sagte er etwas, was mir heute noch im Gedächtnis ist: „Was bin ich doch für ein Versager!" erklärte er. „Ich kam hierher und war stark in dem, was ich für meinen Glauben an den Herrn hielt. Während ich nun in mein Herz schaute, entdeckte ich etwas, das ich bekennen möchte. Welch ein armer, elender Versager bin ich! Ich war so stolz auf die Tatsache, daß die Leute auf mich als auf einen Menschen schauten, der nie klagte. Sie bezeichneten mich als einen Mann, der nie jammere, obwohl er ein schweres Kreuz zu tragen hätte. Ich war stolz auf meinen Ruf, und jetzt sehe ich, daß das, was ich Frömmigkeit nannte, in den Augen meines Herrn Selbstgerechtigkeit war." Er schlug die Hände vors Gesicht und weinte. Ich war von den Worten des armen lahmen Mannes so ergriffen, daß auch mir Tränen in die Augen traten. Ich streckte meine Hand aus, legte sie auf seinen Kopf und fing an zu beten. Ich betete für seine Heilung. Während ich betete, unterbrach er mich. „Bruder Price, ich brauche die Heilung nicht halb so nötig wie ich Jesus brauche. Ich bin so hungrig nach seiner Gegenwart. Mehr als nach irgend etwas anderem verlangt es mich danach, ihn besser zu kennen. Ich will damit zufrieden sein, meine Tage in diesem Rollstuhl zu verbringen, wenn er mir meine Selbstgerechtigkeit vergibt und mir seinen Frieden und seine Liebe schenkt." Als man ihn aus dem Saal schob, war er ruhig und gelassen. Als er bereits auf dem Heimweg war, betete ich für ihn:

„Heiland, Heiland, hör' des Herzens Schrei;
da du andern Gnad' erzeigest,
gehe nicht an ihm vorbei!"

Ein demütiges und zur Reue bereites Herz wird der Herr nicht verwerfen. Wie segensreich ist es, mit sich selbst am Ende zu sein. Wie wunderbar ist es, nach einer nutzlos durcharbeiteten Nacht, in der wir nichts gefangen haben, Jesus am Ufer stehen zu sehen. Wie tröstlich ist die Stimme, die uns gebietet, unser Netz auf der rechten Seite des Schiffes auszuwerfen, damit unsere Freude vollkommen werde. Woran erkennen wir die rechte Seite eines Schiffes? Nun, durch die Fahrtrichtung. Du wirst bald merken, wo die rechte Seite ist, wenn dein Schiff auf Jesus zusteuert. Wir müssen ein leeres Schiff haben, wenn der Herr auf uns an der Küste warten soll.

Ich sah dem Lahmen nach, bis er mit seinem Rollstuhl meinen Blicken entschwand. Einige Tage später verließ ich das Gemeindehaus mit Dr. Manchester. Vor der Tür saß ein Kranker in seinem Rollstuhl und wartete, bis die Abendversammlung eröffnet wurde. Dr. Manchester schaute zu ihm hin und blieb stehen. Dann gingen wir zu dem Kranken. „Sind Sie gekommen, damit wir für Sie beten?" fragte Dr. Manchester.

„Zum Gebet, und um die Heilung zu empfangen", war seine Antwort. Es war der lahme Mann, mit dem ich gesprochen hatte. Aber er war ganz verändert: seine Stimme, sein Wesen, seine Augen. Ich wußte, daß etwas geschehen war. „Erzählen

Sie mir, was geschehen ist", sagte ich. Ich sehe es Ihnen an, Sie haben etwas Wunderbares erlebt, obwohl ich nicht weiß, was es ist."

Dann erzählte er mir, daß ihm Jesus begegnet sei. Er hatte eine ganze Nacht im Gebet verbracht — nicht nur in Fürbitte, sondern auch in Lob und Anbetung. Gegen vier Uhr morgens spürte er das Bewußtsein der Gegenwart Jesu. Er wußte, daß Jesus auf eine ganz besondere Weise in seinem Zimmer war. Sein Lobpreis ging über in eine innige Verbindung mit Jesus. Göttliches Leben durchströmte ihn. Eine Kraft ging von Jesus aus. Es war ihm, als ob ein Nebel von seinem Herzen und seiner Seele wich. Von diesem Augenblick an wußte er, daß sein Ringen und Kämpfen vorüber war. Tiefer Friede erfüllte seine Seele. Er wußte, wenn er sich jetzt mit Öl salben ließ, daß ihn Jesu Kraft durchfluten und ihm göttliches Leben mitgeteilt würde. Er glaubte an seine Genesung. Als ich Dr. Manchester anschaute, bemerkte ich Tränen in seinen Augen. Dann sagte er: „Warum muß denn dieser Mann bis zum Abend warten?" „Er muß es nicht", erwiderte ich. „Der große Arzt ist da. Jesus von Nazareth geht vorüber."

Einen Augenblick später war alles geschehen. Der ehemals Lahme sprang auf, ging umher und lobte Gott für seine Genesung. Wir waren Zeugen dieses göttlichen Wunders. Männer und Frauen hatten sich um ihn auf der mit Schnee bedeckten Straße versammelt. Sie lobten Gott und beteten. Ungerettete Herzen wurden zu Gott geführt, und viele Tränen der Reue und Buße wurden vergossen.

Weißt du nicht, daß auch deine Gebete erhört werden können? Weißt du nicht, daß du auch deine Lasten und Sorgen zu seinen Füßen niederlegen kannst und daß du niemals mehr diese Bürde auf dich zu nehmen brauchst? Von ganzem Herzen bete ich dafür, daß alle, die diese Zeilen lesen, ihr eigenes Bemühen um Gnade aufgeben, weil es zu nichts führt. Heißt es doch:

„Wisset ihr nicht, daß der Glaube durch das Hören kommt und das Hören durch das Wort Gottes?" In meinem griechischen Testament heißt es: „Hören durch ein Wort von Gott". Wir haben ein empfindsameres Ohr als das, mit dem wir die Orgelmusik in der Versammlung hören. Es gibt noch ein anderes Ohr als das, mit dem wir auf das Vorlesen des Bibeltextes lauschen. Es ist nicht nur die menschliche Stimme, die spricht, wenn die Bibel gelesen wird. Menschen können das Wort hören, und doch hören sie nicht die Stimme Gottes. Die Bibel ist ein Buch, durch das Gott redet. Trotzdem hören nicht alle Menschen seine Stimme. Der Glaube kommt durch das Hören, und das Hören durch ein Wort von Gott. Wenn Jesus zu meinem Herzen spricht, sind alle Zweifel verflogen. Wenn Jesus ein kleines Wort in meinen armen Sinn hineinhaucht, kommt der Himmel auf die Erde.

Die Furcht entflieht wie ein Schatten durch das Licht seiner Wahrheit. Wenn er sagt: „Bringt ihn her!", dann ist Glaube da — Gottes Glaube. Und mein armes Herz wird ausrufen: „Herr, daß ich sehen möchte!" Wenn Jesu Liebe und seine Gegenwart in mir lebendig sind, werden die Berge anfangen zu zittern, und die Umklammerung der Tiefe verliert ihre Macht. So kommt Glaube zustande — nicht durch die Windungen des menschlichen Gehirns, nicht auf Pfaden menschlichen Verstehens, nicht durch das Fassungsvermögen unseres Sinnes.

Strecke deine Hand danach aus, und du wirst vergeblich ringen und seufzen, um es zu besitzen. Laß aber Jesus reden, und die Seele wird emporgehoben werden. Ein kleines Wort von Jesus wiegt ein ganzes Wörterbuch menschlicher Sprache auf. Auch heute noch gibt es Hoffnung für den blinden Mann an der Straße nach Jericho, wenn Jesus von Nazareth seinen Weg kreuzt. Wenn er den Schrei seiner Hilflosigkeit hört, wird er nicht an ihm vorübergehen. Er wird auch nicht an dir vorübergehen. Wenn er redet, flammt Hoffnung auf und verbrennt deinen Zweifel und deinen Unglauben. Die Wärme des göttlichen Glaubens rührt deine Seele.

O Herr, sprich zu uns! In unserer Not und Hilflosigkeit möchten wir Herz und Stimme zu dir erheben. Rede das Wort. Das ist alles, was wir brauchen. Wir haben versucht, aus den vertrockneten Zisternen unseres Glaubens Wasser zu schöpfen. Aber die Wasser waren versiegt.

„Heiland, Heiland, hör‘ des Herzens Schrei;
da du andern Gnad‘ erzeigest,
geh‘ auch nicht an mir vorbei.“

VIII.

Glaube ist Gnade

Die Glocken meines Herzens läuten laut, weil ich weiß, daß der Herr alle meine Not beenden kann. Die Vorratshäuser der Gnade sind zum Überfließen gefüllt. Die Fülle ist so groß, daß sie unser Herz und unser Sinn nicht fassen kann. Wir beschäftigen uns mit irdischen und zeitlichen Dingen, während sich Gott mit unbegrenzten und ewigen Dingen befaßt. Bei Gott ist immer Überfluß. Der Apostel sagt: „Er gibt einem jeglichen, nachdem er will." Seine Wohltaten haben kein Ende, und seine Fülle ist unerschöpflich. Ist es da nicht traurig, daß trotzdem eine so große geistliche Armut herrscht? Sollten wir daher nicht Gottes Angesicht suchen und um Wahrheit beten? Denn wenn er die Fülle ist und wenn hinter dieser Fülle seine Verheißung steht, dann fehlt uns zweifellos irgend etwas, wenn wir noch in unseren Sorgen und Nöten verharren.

Wir kommen also zu dem Schluß: *Glaube ist die Fähigkeit oder Macht, durch welche die Dinge, die wir wünschen, zu Dingen werden, die wir besitzen.* Er ist das Wesen der Dinge, die wir erhoffen, und der Beweis für Dinge, die wir nicht sehen. Das kommt der Erklärung vom Glauben am nächsten. Trotz seiner Stärke ist der Glaube nicht etwas, was man anfassen oder greifen könnte. Man kann ihn nicht wiegen oder in einem Behälter einschließen. Er ist zu vergleichen mit Energie. In der Physik wird uns gesagt, daß das Atom eine Welt für sich sei. Und daß die gewaltige Energie, die sich in diesem winzigen Universum befindet, so stark ist, daß wir sie kaum begreifen können. Auch die Atomenergie zu erklären, dürfte auf große Schwierigkeiten stoßen. Genauso ist es mit dem Glauben. Es gab Zeiten in meinem Leben, wo ich fühlte, wie der Glaube von meiner Seele Besitz ergriff, so daß ich Dinge zu tun und zu sagen wagte, die ich allein vom Verstand her nie getan hätte. Es war Glaube, vielleicht nur so groß wie ein Senfkorn. Doch er wirkte in mir mit unwiderstehbarer Macht durch Wort und Tat, bis die Leute voll Bewunderung vor den mächtigen Werken des Herrn standen. Eines weiß ich — daß ich diesen Glauben nicht selbst gemacht habe. Er ist nicht aus mir gekommen. Wir allesamt haben nicht die Fähigkeit, ein Senfkorn des biblischen Glaubens selbst zu bilden.

Wenn dies alles wahr ist, sind wir dann nicht töricht, wenn wir versuchen, ohne diesen Glauben Ergebnisse zu erzielen? Wäre es dann nicht viel besser, Glauben zu suchen als die Ergebnisse, die wir vergeblich hervorzubringen versuchen? Wenn ich einen See überqueren will und mir steht dazu kein anderes Mittel als ein Boot zur Verfügung, so wäre es doch sehr töricht von mir, ohne das Boot hinübergelangen zu wollen. Was ich zuerst brauche, ist das Boot, und dann kann ich auf die andere Seite gelangen. Nimm das Boot, und es wird dich hinüberbringen! Es gibt gewisse Dinge, die wir durch den Glauben empfangen, und nur durch den Glauben allein. Darüber gibt es im Worte Gottes nicht die geringste Ungewißheit. Es gibt eine klare Erklärung dieser Wahrheit.

Woher bekommen wir nun den Glauben, der uns über den

See bringt? Die Antwort auf diese Frage steht fest: Glaube ist eine Gabe Gottes oder eine Frucht des Geistes. In der Bibel wird keine andere Quelle des Glaubens erwähnt. Ob wir es nun eine Gabe oder eine Frucht nennen — die Quelle und der Ursprung des Glaubens bleiben dieselben. Glaube kommt von Gott, mehr noch — er ist der „Glaube Gottes“. Wir alle kennen die Macht des göttlichen Glaubens. Kann es nicht auch ein gefährlicher Besitz sein für den, der diesen Glauben hat? Angenommen, wir würden ihn dazu benutzen, den See zu überqueren, obwohl uns Gott auf dieser Seite haben möchte? Angenommen, du und ich hätten genug Glauben, um jeden Leidenden aufzurichten? Wie wissen wir, daß wir nicht dem göttlichen Willen zuwiderhandeln oder die göttlichen Pläne durchkreuzen?

Vor einiger Zeit brachte eine Dame ein kleines Mädchen zu mir, das krank war. Es war ein hübsches Kind, still und bescheiden. Aber eine schwere Krankheit hatte den kleinen Körper erfaßt. Wir beteten zusammen, doch wir erlebten keine sichtbare Erhörung. Der Vater liebte dieses Kind heiß und innig, aber er empörte sich gegen Gott. Jahrelang hatte seine Frau darum gebetet, er möge zu Gott finden, aber ihr Beten blieb unerhört. Der Mann hatte sich dieser Entscheidung immer wieder entzogen. Dreimal wurde die Kleine zum Gebet gebracht. Wenn Glauben vorhanden gewesen wäre, wäre sie geheilt worden. Aber das Kind blieb krank.

Die Mutter betete weiter für das Kind. Eines Tages rief sie bei mir an und sagte: „Bruder Price, ich fühle, daß Gott sich mit meinem Mann befaßt. Er liebt unsere Kleine so sehr, daß ich glaube, der Herr kann sein Herz durch sie erreichen. Vielleicht kann ich ihn dazu bewegen, mit uns zu gehen, wenn Sie nochmals für die Kleine beten. Wenn er dann niederkniet, um für das Kind zu beten, wird es vielleicht auch nicht mehr lange dauern, bis er für sich selbst betet.“

Das nächste Mal, als sie zum Versammlungshaus kamen,

kam der Vater mit. Er war höflich und freundlich und sehr um sein Kind besorgt; als ich ihn aber zum Beten aufforderte, sagte er: „Nein, es geht nicht; ich kann nicht heucheln." Da sah ich ihn an. Ich sagte: „Bruder, geh auf deine Knie und laß uns zusammen zum Herrn aufschauen. Wenn du das tust, glaube ich gewiß, daß du dein kleines Mädchen gesund mit nach Hause nehmen wirst. Der Heiland wird es mit seiner Hand berühren." Er schaute mich ungläubig an und sagte: „Glaubst du das wirklich?" Ich nickte. Da kniete der Mann nieder. Fast unmerklich kam die Heilungskraft Jesu über den Körper des kleinen Mädchens. Sie hob ihre Augen in einem Dankgebet zu Gott empor. Während der Vater sein Herz öffnete, sprach Jesus zu ihm jene Worte, die einem verschlossenen Herzen Errettung bedeuten.

Angenommen, ich hätte Glauben genug besessen und ihn nach meinem Gutdünken gebraucht. Wäre dann der Name des Herrn so verherrlicht worden wie durch die Tatsache, daß auch der Vater des kleinen Mädchens zu Gott gefunden hatte?

Als ich einmal vor Jahren in Vancouver evangelisierte, geschah etwas, das mich stark beeindruckte. Ich hatte an diesem Abend für Hunderte gebetet. In der Versammlung hatten wir die wunderbare Gegenwart Jesu erlebt. Viele müde, kranke Menschen wurden durch die Berührung seiner Hand geheilt. Viele fanden Befreiung von ihren Schmerzen und Leiden, als sie am Fuße des Kreuzes niederknieten. Ich ging zu dem Prediger und sagte zu ihm: „Heute abend schenkt uns der Herr seinen Glauben. Die Kraft des Herrn ist gegenwärtig, um zu heilen." Er erwiderte, daß er sich noch nie in seinem Leben dieser wirksamen Kraft Gottes bewußt gewesen sei. Einen Augenblick später legten wir beide einem Mann die Hände auf. Es kam ein großes Gefühl der Leere über mich. Ich fühlte zwar die Gegenwart des Herrn, aber ich hatte keinen Glauben, um für diesen Mann zu beten. Nichts geschah mit ihm. Ich betete nochmals. Ich fühlte mich so leer, daß ich nahe daran war, zu dem Herrn zu schreien und ihn zu fragen, warum er uns verlassen habe, obwohl er sich doch vorher so wunderbar offenbart hätte. Statt dessen wandte ich mich an den Mann und fragte: „Bruder, warum bist du gekommen? Wer bist du? Aus welchem Grund bist du auf das Podium gekommen?“

Der Mann wurde blaß. Dann legte er ein Bekenntnis ab. Er sagte, daß er von Beruf Hypnotiseur sei. Er hatte behauptet, daß die Kraft in der Versammlung die Kraft der Hypnose wäre. Darüber hatte er mit anderen Leuten diskutiert und sich entschlossen, sich selbst als einen Versuchsfall gebrauchen zu lassen. Er wollte es persönlich erforschen. Er wollte eine öffentliche Versammlung besuchen und die ganze Bewegung der göttlichen Heilung bloßstellen. Dieser Mann hatte eine Krankheit. Er bedurfte wirklich der Heilung. Angenommen, ich hätte Glauben gehabt, wäre es dann nicht verheerend gewesen, diesem Mann Heilung zu bringen? Glaube, wenn er machtlos ist, hört auf, Glaube zu sein. Du kannst nicht Glauben ohne Ergebnisse haben, wie du auch nicht Bewegung ohne Erschütterung haben kannst. Das, was wir manchmal Glauben nennen, ist einfach Vertrauen. Wir vertrauen dem Herrn; aber der Glaube hat Flügel. Ein Mensch kann nicht an seine Errettung glauben und dadurch errettet werden. Er kann dem Herrn und seiner Verheißung vertrauen, daß er eines Tages zu Christus kommen wird; wenn er aber Glauben für die Errettung hat, dann bedeutet dies, daß er bereits errettet ist.

Der Glaube, der an diesem Abend in der Versammlung wirksam war, hatte sich völlig aus mir zurückgezogen, als ich dem Hypnotiseur die Hände aufgelegt hatte. Er kehrte erst wieder in mich zurück, als ich für jemand betete, der bereit war, den göttlichen Segen aufzunehmen. Es war die Frau, die nach ihm kam. An ihr erlebten wir eines der größten Wunder dieser Evangelisation.

Kein Christ ist ganz ohne Glauben. Er ist ihm als Gabe ins

Herz gelegt. Er genügt, um an der Errettung festzuhalten. Er genügt, um dem Herrn zu gehorchen und das zu tun, was vor ihm wohlgefällig ist. Aber du bist mit deinem Glauben abhängig von Gott. Du kannst nicht Glauben an Gott haben, solange du ihn nicht von Gott hast. Deshalb sagt uns die Heilige Schrift: „Aus Gnaden seid ihr selig geworden durch den Glauben, und das nicht aus euch, Gottes Gabe ist es.“ Gnade und Glauben sind nahe verwandt, so daß du sie nicht trennen kannst. Das ist ja das Wunderbare, daß Glaube uns oftmals mitgeteilt wird, wenn wir am wenigsten meinen, ihn verdient zu haben. Er ist nicht das Erzeugnis unseres Verstandes. Aus diesem Grunde ist er so nahe mit der Gnade verwandt.

Der Glaube, der dem Sünder zur Errettung und Erlangung des ewigen Lebens mitgeteilt wird — hat er ihn verdient? Ist nicht diese Gabe des Glaubens die köstliche Blume der Gnade? Den Glauben, der unser ruheloses Herz stille macht und ihm die frohe Gewißheit schenkt, daß wir errettet sind — haben wir diesen unbezahlbaren Besitz erlangt aufgrund dessen, was wir gegeben oder getan haben? Der Glaube, der mir gegeben wurde, mich aufzurichten — darf ich auch nur für einen Augenblick sagen, daß ich ihn aufgrund meiner Worte und Taten empfing?

Denken wir nur an die Begebenheit, als Jesus und die Jünger sich in dem Boot auf dem Galiläischen Meer befanden. Der See, der gerade noch still dalag, wütete plötzlich gewaltig durch das Hereinbrechen eines Sturmes. Die entsetzten Jünger wurden von dem Heulen des Windes und von der aufgewühlten See in Schrecken versetzt. So kann es auch dir und mir ergehen. Wie schnell kann sich das Lebensbild ändern. Das Lachen kann in Weinen umschlagen, und ein glückliches Herz kann von Kummer und Sorge erfaßt werden. Die Begebenheit von der Stillung des Sturmes geschah nicht nur für die Jünger, sondern sie geschah auch deshalb, weil Gott zu deinem und meinem Herzen reden wollte. Als die Jünger den schlafenden Christus weckten, wandte er sich an sie mit einer Frage. Sie ist uns gut bekannt. „Wo ist euer Glaube?" Wo war er? Hatte ihn der Sturm hinweggeweht? Nein, ihr Glaube ruhte im Heck des Schiffes. Ihr Glaube war allezeit bei ihnen. Die Jünger hatten nur den Fehler gemacht, sich zu sehr auf den Sturm zu konzentrieren; sie hatten vergessen, daß Jesus gegenwärtig war. Wir denken dabei an die Worte des Herrn. „Ohne mich könnt ihr nichts tun." Als Jesus ihre Angst vor dem Unwetter sah, bot er dem Sturm Einhalt. Wind und Wellen gehorchten ihm. Jesus hatte geredet, und die Jünger standen ehrfürchtig in der Gegenwart seiner Macht. Wo war ihr Glaube gewesen? Weißt du es nicht? Er war ihnen genauso nah, wie er dir und mir ist. Denn daß ein Sturm aufkam, bedeutete nicht, daß Jesus von ihnen gewichen war. Wenn du in Not gerätst, dann ist das kein Beweis dafür, daß du verlassen wurdest. Es kann vielmehr die Tür sein, die zu einem Wunder führt. Gottes Kraft wird dich ausrufen lassen: „Was für ein Mann ist das, daß ihm Wind und Meer gehorchen!"

Kannst du dir Petrus vorstellen, wie er im Schiff stand und den Wellen befahl, sich zu legen? Ich kann es — wenn der Herr ihm Glauben gegeben hätte, hätte er es vermocht. Denn es war damals auch Petrus, der mit großer Zuversicht und Festigkeit sich dem Lahmen an der Schönen Tür näherte. Dieser Mann wurde geheilt. Er folgte Petrus und Johannes in den Tempel und lobte Gott, während er umherging. „Was wir haben, geben wir dir", sagte Petrus. Er wollte damit sagen, daß er etwas hatte. Und woher hatte er es? Petrus kam gerade vom Obersaal des Hauses. Und dort hatte er die Kraft empfangen, den Lahmen an der Schönen Pforte zu heilen. Petrus war sich so sehr der Tatsache der göttlichen Verleihung bewußt, daß er den größten Teil seiner Predigt, die der Heilung folgte, mit dem Bezeugen verbrachte. Er bezeugte, wie schwach er und wie stark sein Heiland war. Nicht er war es, der den Lahmen geheilt hatte; es war der Herr. Wie ganz anders ist diese Wahrheit, als unsere armen, schwachen Versuche, den Glauben aus dem Herzen in das Denken zu verpflanzen. Wir suchen den Glauben mehr auf dem Wege des Willens als in dem Licht, das durch die Fenster der Seele vom Himmel her einströmt. Es ist ein großer Unterschied zwischen dem Lahmen, der sich anstrengt und zu gehen versucht, und dem Lahmen, der wartet und um Glauben betet. Durch diesen wurde er schließlich geheilt. Und in meinem eigenen Herzen weiß ich, daß solcher Glaube nur denen gegeben wird, deren Seele in der Stille vor Gott und im Vertrauen auf seine Verheißung warten. Unserem ganzen unruhigen Bemühen wird sich der Glaube nicht erschließen. „Wartet, sage ich, auf den Herrn. Ruhet in dem Herrn! Wartet geduldig auf ihn, und er wird es hinausführen."

Rollt heran, ihr Wellen von Galiläa! Rast, ihr Stürme, und tobt, ihr Unwetter! Ihr lacht über meine scheinbare Hilflosigkeit. Ihr verspottet meine Bemühungen, in der Mitte des schwankenden Schiffes zu stehen. Ihr fragt mich, wo mein Glaube ist. Ihr verhöhnt mich wegen meiner Lage. Mein Glaube ist nicht weit entfernt. Er schläft nur, um mich zu lehren, dem Herrn zu vertrauen. Er schläft, damit mein Selbstvertrauen in ein Trauen auf seine Verheißungen und auf die Macht seiner Gegenwart verwandelt wird. Nein, mein Glaube ist nicht weit entfernt. Ich schaue auf Jesus und lächele. Denn eine Stimme sagt mir, daß, wenn Jesus inmitten des Unwetters ruhen kann, ich in ihm Ruhe finde.

IX.

Glaube ist ein Geschenk

Es gibt zwei Wege, um Glauben zu empfangen: Entweder als eine Gabe Gottes oder eine Frucht des Geistes. Darüber besteht nicht der geringste Zweifel. Erforsche dich, und du wirst zu der gleichen Antwort gelangen. Ihn auf andere Art erlangen zu wollen, hieße, ein Werkzeug in unsere Hände zu legen, das uns gefährlich werden könnte. Wenn es wahr ist, daß der Glaube Kräfte enthält, um Berge zu versetzen — meinst du, daß uns Gott eine solche „Waffe" anvertrauen würde? Ich möchte damit nicht sagen, daß wir den Glauben nur zur Heilung körperlicher Leiden einsetzen sollten; auch im geistlichen Bereich kann dieser bergeversetzende Glaube Fluch statt Segen erzeugen. Mehr als einmal habe ich versucht, Glauben auszuüben und mich angestrengt, eine Antwort auf mein Gebet zu erhalten. Im Licht der nachfolgenden Ereignisse mußte ich aber erkennen, daß es bei weitem besser gewesen wäre, nicht auf die Erhörung des Gebetes zu drängen. Aus diesem Grunde teilt Gott auch jedem das Maß Glauben zu, das er braucht, um in Harmonie mit dem göttlichen Willen zu leben. Über diesen Punkt hinaus wird kein Glaube gegeben. Das ist eine weise Voraussicht Gottes, und ich danke ihm dafür. Ich verstehe zwar nicht die Absicht Gottes, die er damit verbindet; aber ich bin doch glücklich in dem Bewußtsein, daß er in meinem Leben alles zum besten führt. Wir sollen auf ihn vertrauen, wenn wir auch nichts sehen; und wir sollen auf ihn bauen, auch wenn wir manches nicht verstehen können. Laßt uns jedoch nicht den Fehler machen und dieses Vertrauen schon Glauben nennen. Denn Glaube wirkt und bewegt und vollbringt alles nach seiner Macht.

Selbstverständlich wird jedem der Glaube gegeben, durch den wir uns Kinder Gottes nennen können. Auch wurde uns der Glaube gegeben, durch den wir täglich wissen, daß wir vom Tode zum Leben gelangt sind. Der Glaube wird jedoch in der Waage Gottes genau abgewogen. Mehr als einmal sprach unser Herr über kleinen oder großen Glauben, den wir haben. Er erwähnte schwachen und starken Glauben. So wie wir den Glauben als Gabe oder als Frucht benötigen, wird er uns vom Herrn mitgeteilt. Damit Gottes Wille und nicht der unsere geschehe auf Erden und in uns, wie auch im Himmel. Oftmals stehen unsere Wünsche im Gegensatz zum Willen Gottes. Oftmals werden wir in unserer Unwissenheit gerade das tun, was uns Sorge statt Freude bereitet. Wenn wir den Glauben dafür einsetzen könnten, um stets unsere eigenen Wünsche zu erfüllen, könnten die Ergebnisse geradezu nachteilig für uns sein.

Die christliche Welt kennt Georg Müller als ein Vorbild des Glaubens. Er hat ganz auf Gott vertraut. Sein ganzes Leben war eine großartige Reihenfolge wunderbarer Gebetserhörungen. Wenn wir nun aber seine Biographie gelesen haben, ist uns dabei auch bewußt geworden, daß er aus dem Mittelpunkt des Willens Gottes lebte? Georg Müller glaubte, daß der Herr, der ihn zu dem Dienst an den Waisen berufen hatte, auch alles Nötige geben würde. Gott gab ihm die Mittel, um Nahrungsmittel und Kleidung für die Waisenkinder zu beschaffen. Wenn er in

Not kam, wurde ihm Glauben gegeben. Es gab kein Kämpfen und Ringen mit den Zweifeln, sondern nur die Offenbarung eines mitgeteilten Glaubens. Mit Inbrunst glaubte er an das erhörliche Gebet. Es zeigt uns die Tiefe seines Fürbittedienstes. Der Grund, weshalb so viele Menschen ihre Gebete nicht beantwortet sehen, liegt darin, daß sie nicht beständig und inständig beten. Wenn Georg Müller in eine Krise geriet, brachte er seine Not als nüchterne Tatsache vor den Herrn und hielt sie durch den Glauben für erledigt. Wenn wir seine Niederschriften lesen, dann ist es beinahe so, als ob eine Hausfrau ans Telefon geht und bei dem Kaufmann ihre Lebensmittel bestellt. So betete Georg Müller zu Gott.

Kannst du von dir aus solchen Glauben haben? Kannst du, getrennt von der Gabe und Salbung des Heiligen Geistes, solche Fähigkeiten besitzen? Etwas ausüben zu wollen, wozu wir nicht fähig sind, führt im Bereich des Geistlichen zu Übertreibungen; und oft zeigt es sich bei dem Versuch, Glauben anwenden zu wollen, wie wenig wirkliches Vertrauen wir zu Gott haben. Laßt mich an einigen Beispielen erläutern, was ich damit sagen will.

Vor einigen Jahren leitete ich in einer Gemeinde in Oregon die Versammlungen. Der Herr führte uns so, daß wir eines Nachmittags eine Heilungsversammlung hielten. Der Saal war überfüllt, und viele standen draußen und schauten durch die Fenster herein. Unter ihnen war auch ein kleiner Junge, der gelähmt war und nur mit Hilfe von Krücken gehen konnte. Sein Anblick rührte mein Herz. Im stillen Gebet flehte ich zum Herrn und bat um Glauben für die Heilung des Knaben. Dann kam eine ganze Anzahl Kinder nach vorn zum Gebet, die meisten in Begleitung ihrer Eltern. Vor mir stand ein kleines Mädchen. Die Mutter weinte. Ich legte meine Hand auf den Kopf des Kindes und betete. Nichts geschah. Der Geist der Versammlung schien sich zu verändern. Es lag eine erdrückende Schwere über allem. Ich betete wieder. Die Bedrückung nahm zu. Mit Bestürzung betrachtete ich die weinende Mutter. Sie schluchzte. Zuletzt schrie sie fast hysterisch: „Warum will Jesus mein Kind nicht heilen?" „Wohin gehst du zur Versammlung?" fragte ich. „Ich gehe in die Methodistengemeinde", war ihre Antwort. Ich schaute ihr fest in die Augen. Da kam mir eine Vermutung. In demselben Augenblick gab der Herr jemandem neben mir die Gabe der Geisterunterscheidung, und der Bruder fragte: „Bist du jemals in geheimen oder okkulten Versammlungen gewesen?" Da bekannte sie, daß sie dort gewesen war. Und ihre kleine Tochter war überhaupt noch nie in der Methodistengemeinde gewesen. Sie selbst hatte auch schon monatelang die Versammlungen nicht mehr besucht. Dafür ging sie Woche um Woche zu den spiritistischen Sitzungen. Nun wußte ich, warum der Herr seinen Segen und seinen Glauben zurückgehalten hatte. In ihrer großen Not rief die Mutter: „Anderen hat er geholfen; bete zu ihm, daß er auch mein Kind heilt!" Ich erwiderte: „Schwester, weißt du etwas von der Errettung durch das vergossene Blut auf Golgatha?" Sie sagte, daß sie einstmals errettet war, doch als sie in eine Lebenskrise kam, wandte sie sich von Gott ab, anstatt seine göttliche Hand noch fester zu greifen. Als Antwort auf meine Frage sagte sie, daß sie ihr Herz wieder Christus übergeben möchte und bat mich, für sie zu beten. Sie betete, und dann schloß ich mit den Worten, die sie mir nachsprach: „Ich vertraue Jesus als meinem persönlichen Heiland, und ich nehme die Verheißung seines Blutes zur Versöhnung meiner Sünden in Anspruch."

Himmlische Herrlichkeit ergoß sich in ihr und in mein Herz, und als ich meine Hand noch einmal nach ihrer kleinen Tochter ausstreckte, wußte ich, daß sie gesund werden würde. Sie sprang auf und konnte gehen. Sie war geheilt. Dann schaute ich hinüber zu dem armen, gelähmten Knaben. Ich ging zum Fenster und hielt ihm meine Hand hin, damit er durch das Fenster klettern und auf das Podium zum Beten kommen könnte. Er kam nicht, er fiel durch das Fenster und ließ seine Krücken hinter sich zurück. Auch er war geheilt. Dann führte der Heilige Geist die Versammlung, wie ich es selten erlebt hatte. Viele Menschen wurden geheilt. Aus dem Seitengang kam eine liebe, alte Dame, die jahrelang an den Rollstuhl gefesselt war. Sie sprang auf und lobte Gotte, wie es damals war, als der Heiland unter den Menschen wandelte. Welch eine Gnadenzeit, die Menschen anbeten und Engel fröhlich sein läßt!

Angenommen, ich hätte genug Glauben zur Heilung des kleinen Mädchens besessen; angenommen, ich hätte die Hände auf sie gelegt und sie wäre gesund weggegangen. Die Mutter hätte dies als ein Zeichen dafür angesehen, daß die spiritistischen Sitzungen vom Herrn seien. Von diesem Zeitpunkt an wäre sie noch fester vom Spiritismus umgarnt gewesen. Als ich für dieses kleine Mädchen betete, wurde der Geist des Glaubens und der Zuversicht von mir genommen. Wie leer kam ich mir damals vor. Als dann die Mutter Jesus als ihren persönlichen Heiland annahm, wurde Glaube mitgeteilt, und das Werk war getan. Wieviel köstlicher ist es, wenn wir, anstatt uns anzustrengen, auf Jesus schauen, der der Anfänger und Vollender unseres Glaubens ist.

Es war vor einigen Jahren im März. Ich ging von zu Hause weg mit dem Gefühl der Liebe und Gegenwart Jesu in meinem Herzen. Ich war auf dem Wege, um mit einer armen Frau zu beten, die ihren Verstand verloren hatte und sich nun in einer Anstalt befand. Ich höre noch das verzweifelte Schluchzen ihres Mannes. Das Unglück hatte ganz plötzlich zugeschlagen. Gott war ihre einzige Rettung, das wußten sie. Ich wollte für diese Frau beten, denn ich war voll des festen Vertrauens, daß der Herr dieses Gebet erhören würde. Als ich in ihr Zimmer eintrat, hörte ich sie Gotteslästerungen ausstoßen mit einer Stimme, die nicht von ihr war. Sie war von einem bösen Geist besessen. An jenem Morgen erlebten wir keine sichtbare Erhörung unserer Gebete. Der arme Mann hielt mich am Mantel fest und bestand darauf, daß wir nicht aufgeben dürften zu beten. Ich rief also auch die Gemeinde zum Gebet auf. Ich bat auch andere Gemeinden, für diese Frau zu beten. Wir beteten einen ganzen Tag für die Befreiung der armen Leidenden, und mehr als ein Beter entschloß sich, auf seinen Knien zu bleiben, bis die Erhörung kam.

An jenem Nachmittag, etwa um vier Uhr, fühlte ich, wie der Geist des Herrn über mich kam. Unter der Macht der Salbung stand ich auf. Zitternd vor innerer Bewegung und der Herrlichkeit seiner Gegenwart verkündete ich, daß unsere Gebete durchgedrungen waren und die Erhörung auf dem Wege sei. Ich ging ans Telefon und sagte dem Ehemann, daß ich fest glaubte, daß wir den Sieg erlangt hätten. Und wir hatten ihn! Am nächsten Tage, nach einer kleinen Weile des Betens, erhob sich die kranke Frau. Sie war geheilt und ging heim zu ihrem Mann und zu ihren Kindern. Ich erinnere mich an den Augenblick, an dem der Teufel ihren Leib verließ. Ich weiß, daß mir der Glaube vom Herrn im Augenblick des Sieges gegeben wurde: Wenn ich den Glauben aus mir heraus besessen hätte, wäre er etwas gewesen, das ich nach Belieben hätte gebrauchen können. Dann wäre die Frau das erste Mal, als ich an ihrem Krankenlager betete, geheilt worden. Aber ich hatte so lange keinen Glauben, bis er mir mitgeteilt wurde. Ich mußte Jesus vertrauen, ihn mir zu geben. Ich liebte Jesus von ganzem Herzen. Dennoch besaß ich keinen Glauben, nicht einmal so groß wie ein Senfkorn, bis er ihn mir in seiner Liebe und Gnade schenkte.

Kürzlich sagte eine Frau zu mir: „Bruder Price, bitte bete für mich; ich habe allen Glauben der Welt.“ Ich wußte, was sie meinte. Wir hören diesen Ausspruch so oft. Meine Antwort war: „Schwester, wenn du so viel Glauben hast, warum bist du dann krank?“ Sie schaute mich erstaunt an. Nach einigen

Augenblicken des Nachdenkens ging sie weg, um für den Glauben, so groß wie ein Senfkorn, zu beten.

Gerade jetzt, während ich schreibe, schaue ich im Geist auf die Wege zurück, die mich mein Heiland geführt hat. Ich denke an Evangelisationen in Kanada und in den Vereinigten Staaten, in denen es mir durch die Gnade Gottes möglich war, für Zehntausende in einem einzigen Monat zu beten. Man kann dies nicht tun, ohne Erfahrungen zu machen, die sich unauslöschlich einprägen. Manchmal scheinen die Gebete vergeblich zu sein, und unsere Bemühungen, den Sieg zu erlangen, scheinen zu scheitern. Ein anderes Mal wieder spürt man das Wehen des Heiligen Geistes, der eine große Zuhörerschaft zu den Pforten des Himmels emporzuheben scheint. Da fühlte ich, wie der Heilige Geist unter uns war, und wie die Besucher Herz und Gemüt erhoben und aus vollem Herzen sangen: „Dies ist der Himmel schon hier!“ Solche Versammlungen bestätigen die große Wahrheit, daß der Mensch in sich hilflos ist, und daß es einer Offenbarung und Begegnung mit der Macht und Gegenwart des Herrn selbst bedarf.

„Ohne mich“, sagte der Heiland, „könnt ihr nichts tun.“ Wir, in unserer Torheit, antworten dann manchmal: „Ja, ich kann es, denn ich habe den Glauben. Ich kann ihn anwenden und ausüben und manches durch ihn geschehen lassen. Denn das Wort sagt, daß wir Berge versetzen können, wenn wir nur Glauben haben.“ Denen, die so sprechen, möchte ich sagen: „Gehet hin und versucht, welche Ergebnisse ihr damit erlangt!“ Alle Dinge sind möglich dem, der glaubt. Aber es ist wichtig, was du glaubst. Zu glauben, daß du, getrennt von der Gnade und der göttlichen Mitteilung, Macht besitzt — eine Macht, die Berge versetzen kann —, ist gefährlich.

Wenn du aber Jesus glaubst, dann ist das etwas anderes. Wenn du an seine Kraft, seine Gnade, seine Verheißung, seine Gegenwart und seine Stärke glaubst, dann gehst du hinan zu dem Berg der erhörten Gebete. In dem Maße, wie du abnimmst, nimmt er zu; je mehr Kreuzigung des Eigenlebens, desto mehr werden die Auferstehungsstrahlen seines Leibes deiner Seele und deinem Leib Kraft und Gesundheit mitteilen.

Eine Versammlung werde ich bestimmt nie vergessen: Es war vor einigen Jahren in der Arena in Winnipeg. Unser lieber Freund, der Diakon Fair von der anglikanischen Kirche, half uns in der Evangelisation. Er brachte einen seiner Mitarbeiter mit. Dieser treue Bruder hatte eine Tochter, die man aus einer der berühmtesten Kliniken Amerikas entlassen hatte, weil ihr Fall hoffnungslos war. Menschlich gesehen gab es für sie keine Hoffnung mehr.

Diese beiden Geistlichen nahmen die Tochter mit in die Versammlung. Sie stand zu diesem Zeitpunkt wegen ihrer starken Schmerzen unter dem Einfluß von Opiaten. Sie mußte ständig Medikamente nehmen, um überhaupt leben und die Schmerzen ertragen zu können. Sie saß in einem großen Stuhl, von Kissen gestützt. Der Versammlungsort war nicht nur voller Menschen, sondern auch erfüllt von der Gegenwart des Herrn. Als sich die Versammlung ihrem Ende näherte, merkte ich, wie ein vertrautes Gefühl in mein Herz kam: Ich spürte die göttliche Gegenwart. Ich wandte mich an einen Prediger, der neben mir saß, und sagte: „Der Herr ist gegenwärtig. Ich glaube, er wird heute abend ein Wunder wirken, das die ganze Versammlung durch die Offenbarung seiner Kraft erschüttert." Als ich diese Worte ausgesprochen hatte, fühlte ich eine Mitteilung des Glaubens für die kranke Tochter.

Ich zögerte keinen Augenblick und ging zu dem Diakon Fair hinüber und bat ihn, mit mir für die Tochter seines Mitarbeiters zu beten. Er ergriff meine Hand und sagte: „Mein Bruder, ich kann die Gegenwart Jesu in dieser Versammlung fühlen, wie ich sie bisher noch nicht gefühlt habe. Ich spüre, daß er dieses Wunder heute abend wirken wird." Und er tat es. Auf den armen, schwachen, kranken Leib legte sich die göttliche Hand. Die Kranke ruhte in den ewigen Armen, und wir konnten sehen, wie sich eine gesunde Röte auf ihre Wangen legte. Sie mußte nicht sterben. Sie blieb am Leben, und sie lebt noch heute als ein lebendiges Zeugnis der Macht unseres Herrn.

Als ich ein Jahr später dasselbe Gebäude besuchte, stand ich an derselben Stelle, wo mir der Herr an jenem Abend begegnet war. Ich wußte genau den Zeitpunkt, da der Glaube kam. Ich erinnerte mich dessen, was ich tat und was in dem Augenblick geschah, als er mir den Glauben mitteilte, der meinem eigenen Herzen fehlte. Das ist es, weshalb ich immer wieder sage, daß der Glaube eine Gabe Gottes ist. Wir besitzen ihn nicht, um ihn nach Belieben zu gebrauchen, sondern nur dann, wenn er uns diesen Glauben gibt: und er gestattet uns, ihn zu behalten, für diesen einen bestimmten Zweck. Laßt mich wiederholen: Wir können Glauben für die Erlangung unseres Heils haben; wir sollten den Glauben haben, daß er uns errettet. Wir haben den Glauben für das, was in Übereinstimmung mit seinem heiligen Willen steht. Aber auch dieser Glaube wurde uns gegeben, und nun wächst er als eine Frucht des Geistes. Aber dieser bergeversetzende Glaube, der Krankheiten verbannt und Wunder wirkt, wird uns mitgeteilt. Und er wird uns nur dann gegeben, wenn es der Wille des Heilands ist.

„Setze deshalb dein ganzes Vertrauen auf Jesus. Deine Hilfe kommt allein von ihm. Je näher du ihm stehst, desto völliger kannst du die Lieblichkeit seiner Gegenwart in dich aufnehmen. Laß dich nicht verführen, an die Macht deines eigenen geistlichen Vermögens zu glauben, denn ohne den Mann von Golgatha könnt ihr nichts tun.“ Vertraue ihm, wenn dir der Glaube versagt wird, und preise ihn, wenn du ihn empfängst. Bedenke, daß er alles wohl macht. Du würdest gewiß vom Wege abirren, wenn er dich nicht zurückhalten und dich nicht daran hindern würde. Dinge, die dich heute erfreuen, können dir morgen eine große Last sein. Wieviel besser ist ein Leben des Vertrauens zu Christus als ein Leben des Selbstvertrauens. Wieviel besser ist es, ihm zu gestatten, einen Weg für dich zu wählen, als deine Versuche, deinen Weg alleine auszusuchen.

Das ist meine Botschaft. Es ist Jesus, Jesus allein, der uns alle guten und vollkommenen Gaben verleiht. Er ist der Anfänger und Vollender unseres Glaubens. Freue dich in seiner Liebe, die dich nie verläßt. Sei glückselig in der Gegenwart eines Freundes, der dich besser kennt als du dich selbst. Eines Tages, wenn die Mühen des Lebens groß sind, wirst du singen:

Jesus führt mich alle Wege,
stärkt mich auf dem Pfad der Not,
gibt mir Gnade in der Prüfung,
speist mich mit dem Himmelsbrot.
Wenn die müden Schritte straucheln,
wenn verschmachten will die Seel',
sprudelt doch aus hartem Felsen
auf sein Wort der Freude Quell.

X.

Glaube ist eine Frucht

Der Weg des Glaubens ist ein großes Abenteuer. Wir erreichen nie das Ende. Wir gelangen niemals ganz zum Endpunkt der Erfahrung. Ganz gleich, welche Bergspitze wir heute erklommen haben, es muß immer wieder eine neue eingenommen werden. Die Zukunft ist größer als die Vergangenheit. Es gibt paradiesische Felder und herrliche Wiesen, die uns bisher noch nicht gezeigt wurden. Diese große Wahrheit ist es, die eine Aufforderung an alle Nachfolger des Herrn ist. Unter seiner Leitung — er treibt und nötigt niemanden — haben wir das Vorrecht, im Geiste den Toren einer Welt immer näherzukommen, die menschliche Augen nicht sehen können. Wir werden eine Erkenntnis besitzen, die alle Erkenntnisse übersteigt. Wir fangen an, das Unverständliche zu verstehen und auf die Offenbarung der letzten Geheimnisse, die vielen Menschen verborgen bleiben, zu achten.

Die Bibel spricht in einer deutlichen Sprache. Wiederholt stellt sie fest, daß die ewigen und göttlichen Dinge nur mit dem geistlichen Sinn wahrgenommen werden können. Der natürliche

Mensch ist unfähig, das Unendliche zu begreifen; ebenso die Dinge, die damit zusammenhängen. Der Grund dafür liegt darin, daß es sich um zwei verschiedene und völlig unterschiedliche Reiche handelt. Es besteht keine Verbindung zwischen ihnen; es gibt keine Möglichkeit für den Menschen, sich Gott zu nähern oder ihn zu verstehen, es sei denn durch den Herrn Jesus Christus selbst. „Ich bin die Tür; niemand kommt zum Vater, denn durch mich." So hat es Jesus selbst gesagt. Wenn es dem Menschen möglich wäre, in das Reich des Ewigen, Göttlichen und Geistlichen durch das Tor seines Verstandes zu gelangen, so würde er bald einen Turm von Babel bauen, der bis an den Himmel reicht. Der nächste Schritt wäre, daß der Mensch versuchen würde, Gott zu entthronen. Wir Menschen haben das immer wieder versucht. Alle unsere modernen Philosophien sind ja letzten Endes ein Ersatz für den wahren Glauben. Sie verehren und vergöttern den Menschen und nicht Gott. Alle Versuche, die geistlichen Dinge mit dem natürlichen Sinn zu erfassen, sind bisher gescheitert. Alles, was erreicht wurde, ist eine Art Ersatzreligion. Was war die Folge davon? Die Menschen glaubten, allein schon durch gute Lebensführung bei Gott angenommen zu werden, statt sich dessen bewußt zu sein, daß Gnade und Glaube dazu gehört. So lehrt man heute, daß es wichtiger ist, was wir tun, als was wir sind. Bezeichnend für diese Auffassung ist, daß der Mensch zwar das Kreuz sieht, sich aber niemals mit ihm persönlich identifiziert. Er gibt sein Eigenleben nicht auf und fühlt sich nicht mitgekreuzigt. Dadurch aber wird das Kreuz, an dem unser Erlöser starb, überflüssig und unwirksam.

Dies alles ist sehr wichtig im Hinblick auf das, was ich jetzt sagen möchte. Wir haben aus dem Glauben ein Erzeugnis unseres eng begrenzten menschlichen Verstandes gemacht. Alle anderen Früchte des Geistes erwarten wir von Gott. Vielen Christen bedeutet Glaube eine eigene Fähigkeit, eine Verheißung oder Wahrheit zu erfassen. Dabei bleibt es meist bei dem ständigen Bemühen, alle Zweifel und allen Unglauben abzuwehren. Kürzlich hörte ich einem Prediger zu, der veranschaulichen wollte, was Glaube ist. Er sprach davon, daß der Glaube ein wichtiger Bestandteil in der Entwicklung aller unserer Lebensbereiche sei. Damit war ich in etwa einverstanden. Dann fuhr er fort und sagte, daß es Glaube sei, wenn wir in eine Straßenbahn einsteigen. Wir vertrauen der Straßenbahn, dem Straßenbahnführer und der Antriebskraft der Motoren. Er nannte dann viele andere Gelegenheiten unseres täglichen Lebens und brachte Beispiele, die veranschaulichen sollten, wie man diesen Glauben gebraucht. Dann schloß er mit der Frage: „Wenn wir selbst Glauben an einen Straßenbahnführer haben, warum sollten wir dann nicht auch Glauben an Gott haben?"

Das war kein Glaube in neutestamentlichem Sinne, worüber dieser Prediger sprach. Mit dem, was die Bibel Glauben nennt, hatte das nichts zu tun. Es scheint mir geradezu lächerlich, daß der Glaube, von dem Jesus sprach, so etwas wie ein erweiterter Glaube des Glaubens an den Straßenbahnführer sein soll. Ganz gleich, wie du diese Einstellung, die die Welt Glauben nennt, hegst und pflegst — es wird nie und nimmer wirklicher Glaube daraus werden, von dem Jesus gesprochen hat. Laßt uns doch einmal ehrlich sein: haben wir es nicht auch schon oft versucht, auf diese Weise Glauben zu üben? Haben wir nicht gesagt: „Ich glaube, daß es vollbracht ist, und weil ich das glaube, wird es auch geschehen"? Wir kämpften und mühten uns ab, um aus eigener Kraft an eine Verheißung zu glauben. Ich erinnere mich an einen Mann, der glaubte, seine Hand in einen Korb mit Giftschlangen halten zu können, um seinen Glauben an Gott zu beweisen. Er wurde von den Schlangen gebisssen und befand sich Wochen hindurch in einem lebensgefährlichen Zustand. Er wurde zwar wieder gesund, aber es war doch ein bedauerliches Ereignis. Es hat bei denen, die um das Experiment wußten, viel

Vertrauen an die wirkliche und biblische Glaubenserfahrung zerstört. Wahrscheinlich hat der Mann an Gott geglaubt, aber was er Glauben nannte, war eigentlich nur Hochmut und Anmaßung.

Vor vielen Jahren hatte ich einmal eine lange Unterredung mit einer der Mitarbeiterinnen von Pandita Ramabai. Sie erzählte mir, was damals geschah, als die Kobraschlangen nach Mukti kamen. Während einer Zeit, in der sie alle den Heiligen Geist mächtig gespürt hatten, drangen in einer Nacht einige Kobraschlangen in die Schule und in das Heim der Mädchen ein. Viele der Mädchen wurden von ihnen gebissen. Für einige Minuten lähmte alle eine schreckliche Furcht. Dann aber teilte der Heilige Geist auf eine wunderbare Weise Glauben mit, daß man anstatt Stöhnen und Angstgeschrei Jubelgesang hörte, der zum Himmel emporstieg. Nicht eines der Mädchen starb. Sie nahmen diese Erfahrung als eine Lektion von Gott hin, daß der Teufel, die verführerische Schlange, versucht hatte, die Ausgießung des Heiligen Geistes zu verhindern. Der Heilige Geist hatte sie aus dieser Gefahr errettet. Der Mann, der in den Schlangenkorb griff, tat es aus Anmaßung; die Mädchen, die von den Schlangen gebissen wurden, hatten Glauben und wurden gerettet.

Das Fürwahrhalten ist im Glauben enthalten, aber Glaube ist mehr als Fürwahrhalten. Das Fürwahrhalten ist zu vergleichen mit einem besonderen Felsen im Gebirge, der unsere Aufmerksamkeit auf sich zieht. Aber das Gebirge ist größer als der eine Felsen. Wollte der Felsen von sich behaupten, er sei das ganze Gebirge, dann wäre das vermessen. Ich will damit sagen: Deine eigenen geistlichen Erzeugnisse sind noch nicht Glauben. Du kannst nicht ein wenig Vertrauen, eine Extraportion Glauben und etwas menschliches Bemühen vermischen und daraus einen Glauben erwarten, der Berge versetzen kann. Du bist dem Ziel näher, du wirst dieser Gnade leichter teilhaftig werden, wenn du deine eigene Hilflosigkeit und deine völlige Abhängigkeit vom Herrn erkennst.

Die Bibel sagt, daß der Glaube eine Frucht des Geistes sei. Sollten wir nicht ernst damit machen, das zu glauben? Betrachte einmal die anderen Früchte des Geistes, die in einem erneuerten Herzen und Leben sichtbar werden. Zuerst ist da die Liebe. Wessen Liebe ist es, mit der wir lieben? Ist es unsere eigene Liebe, die reiner und lieblicher geworden ist, weil etwas in unserem Herzen geschehen ist? Nein und nochmals nein! Es ist die Liebe Gottes, die durch den Heiligen Geist in die Herzen ausgegossen wird; nur durch den Besitz dieser göttlichen Liebe ist es uns möglich, unsere Feinde zu lieben. Was veranlaßte Stephanus, auszurufen: „Herr, behalte ihnen diese Sünde nicht!" als die Menschen ihn steinigten? Er rief diese Worte nicht aus, um sich als Helden darzustellen oder weil er überheblich gewesen wäre, sondern aus wahrer und echter Liebe für die Menschen, die ihn töteten. Die Welt sagt, daß es lächerlich ist, so zu handeln. Es ist nicht lächerlich für Christen, nicht für die Erlösten, die der göttlichen Natur teilhaftig geworden sind.

Als Stephanus diese Worte rief, geschah es aus wahrer Liebe. Gottes Liebe durchflutete sein Herz wie ein Strom, der aus den Quellen der Gnade gespeist wird und bis in alle Ewigkeit fließt. Folgte Stephanus damit dem großen Vorbild auf Golgatha, als Jesus sprach: „Vater, vergib ihnen, denn sie wissen nicht, was sie tun!"? Wie konnte Jesus das sagen? Es war Liebe — Gottes Liebe! Es war himmlische Liebe, die für eine kurze Zeit auf Erden weilte. Und es war kein Zufall, daß Stephanus und Jesus das gleiche sagten. Stephanus versuchte darin nicht, seinen Meister nachzuahmen. Auch Jesus wollte sich nicht für die Menschen als Beispiel hinstellen, wie sie kämpfen sollten.

Jesus und Stephanus besaßen die gleiche Liebe, und darum sprachen sie beide das gleiche aus. Gottes Liebe wirkte in ihren

Herzen. Jesus besaß diese Liebe, weil er Gott war; Stephanus besaß diese Liebe, weil er Gott in seinem Herzen hatte.

Menschliche Liebe kann besser werden und kann zunehmen; aber selbst, wenn du eine Million Jahre leben würdest, so könnte deine eigene Liebe nie so groß werden, um der Liebe Gottes gleich zu sein. Auf welche Weise erhalten wir nun die Liebe Gottes? Gott selbst gibt sie; der Heilige Geist läßt sie entstehen.

Wenn Gott in einem Herzen Wohnung nimmt, bringt er diese Liebe mit. Wenn diese Wahrheit für die Liebe gilt, warum dann nicht auch für den Glauben?

Die zweite Frucht des Geistes, die Paulus in seinem Brief an die Galater nennt, ist die Freude. Daß sie an zweiter Stelle genannt wird, besagt nicht, daß sie weniger wichtig ist als die Liebe. Sie steht an zweiter Stelle in der Aufzählung jener Gnaden, die der Heilige Geist in einem gereinigten Herzen hervorzubringen vermag. Welche Art von Freude ist dies? Ist diese Freude von äußeren Umständen abhängig?

Vor einigen Jahren war ich als Prediger in Versammlungen, die in einem Gebiet gehalten wurden, in dem sehr viele arme Leute lebten. Eines Abends, kurz vor der Versammlung, fuhr ich ein Stück mit meinem Wagen, um mich noch etwas zu sammeln und allein zu sein. Bald war ich einige Meilen vom Lager entfernt und ich drehte, um wieder zurückzufahren. Als ich durch ein Waldgebiet kam, sah ich einen Mann und eine Frau mit vier Kindern, die aus dem Wald heraustraten und ihren Weg auf der Straße fortsetzten. Sie waren alle barfuß und trugen ihre Schuhe in der Hand, d.h. soweit sie welche hatten. Vater, Mutter und das Älteste der vier Kinder besaßen Schuhe, die anderen drei Kinder hatten keine. Ich hielt an und bot ihnen an, sie mitzunehmen. Lächelnd und ein wenig verschämt wurde meine Einladung angenommen. Diese Familie war auf dem Weg zur Versammlung. Am Eingang des Lagers setzten sie sich ins Gras und zogen die Schuhe an. Sie waren froh darüber, die drei Meilen in wenigen Minuten zurückgelegt zu haben, wozu sie sonst eine Stunde benötigt hätten. Am nächsten Abend fuhr ich „zufällig“ wieder den gleichen Weg und lud sie zu einer Fahrt ein. So geschah es, daß ich an jedem Abend dort war und fragte, ob ich sie mit zur Versammlung nehmen solle. Unterwegs, nachdem wir uns nun nicht mehr fremd waren, legten sie Zeugnis ab und sangen. Ihre Freude war so mitreißend, daß sie meiner Seele neuen Auftrieb verlieh. Ich konnte besser predigen als vorher. Denn diese Familie lebte viele Meilen entfernt im Gebirge und war sehr arm. Wenn sie einen Weg zu machen hatten, trugen sie ihre Schuhe in der Hand, um das Leder zu schonen. In Wirklichkeit waren sie reicher als viele, die wohlhabend sind und in großen Häusern leben. Eines Abends, gegen Ende der Lagerversammlung, sagte ich zu dem Bruder: „Gewiß wird einmal der Tag kommen, mein Bruder, wo der Herr dir ein besseres und größeres Heim schenken wird. Du weißt, der Herr beschenkt uns oft sowohl mit zeitlichen und weltlichen Dingen, als auch mit geistlichen Segnungen. Die Bibel sagt: ...“ Der Bruder unterbrach mich, und mit einem glücklichen Lächeln begann er zu singen:

„Ein Zelt oder eine Hütte, das ist mir gleich.
Im Palast werd‘ ich wohnen im Himmelreich.
Obwohl ich hier arm bin, vor Freuden ich sing‘
zur Herrlichkeit Gottes, dessen Kind ich bin.“

Seine Frau und seine Kinder stimmten mit ein. Als er sein Lied beendet hatte, strich er sich über sein ergrautes Haar und sagte: „Bruder Price, um glücklich zu sein, brauche ich kein großes Haus. Wenn der Herr es mir schenkt, dann will ich ihm dafür danken. Aber ich habe etwas in meinem Herzen, was ich für alle Reichtümer der Welt nicht verkaufen würde — und das ist die Freude des Heiligen Geistes." Das ist es, was ich meine. Du kannst nicht am Morgen aufstehen und sagen: „Heute ist ein Tag, an dem ich sehr glücklich sein werde. Ich habe mich entschlossen, voller Freude zu sein!" Entweder hast du diese Freude oder du hast sie nicht. Die Freude, die die Welt gibt, ist abhängig von den äußeren Umständen. Ein Christ aber hat die ihm mitgeteilte Freude im Heiligen Geist und hat sie in jeder Lebenslage. Diese Freude ist weder von der Umgebung noch von den Umständen abhängig, sie ist allzeit gegenwärtig.

Als weitere Frucht des Geistes wird der Friede erwähnt. Wie köstlich ist dieser wunderbare Friede, den Gott in die Herzen derer legt, die ihn lieben. Welch ein herrlicher Tag war das für die Jünger, als Jesus sagte: „Meinen Frieden gebe ich euch!" Es war nicht der Friede, den die Welt gibt, ein Friede, der vorübergehend, schwach und nichtig ist. Ein Friede, der in einem Augenblick angesichts der Stürme und Schwierigkeiten verlorengehen kann. Der Friede, den Jesus gab, überstieg alle menschliche Vernunft. Er lag so im Innern verborgen, daß alle Schwierigkeiten ihn nicht berühren konnten; und er war so göttlich, daß keine menschliche Hand ihn vernichten konnte. Er lag tief in der Seele. Diesen Frieden hatte Jesus, als er in königlicher Haltung vor der lärmenden Volksmenge im Gerichtssaal des Pilatus stand. Gott hat uns diesen Frieden verheißen. Laß mich dir also die Frage stellen: „Kannst du diesen Frieden erzeugen oder entstehen lassen, kannst du ihn durch eigenes Bemühen hervorbringen?" Du kennst die Antwort. Du fliehst in die liebenden Arme Jesu und weißt:

„Frieden, vollkommenen Frieden,
obwohl die Sorge mich fast übermannt;
an Jesu Brust ich Ruhe fand."

Jesus bringt diesen Frieden mit, wenn er kommt. Er selbst teilt ihn mit und läßt ihn wachsen. Alles, was du zu tun hast, ist, ihn zu empfangen. Darin liegt die Herrlichkeit eines Christenlebens, daß du die Gewißheit hast, dein Leben ist völlig geborgen in Christus. Das Leben Jesu ist in dir.

So ist es auch mit dem Glauben. Er gibt ihn mir nicht als ein Spielzeug, damit ich ihn zu meinem eigenen Verderben und für Dinge anwende, die nicht mit seinem Willen übereinstimmen. Jesus weiß, was ich brauche, und er weiß auch, was du brauchst. Er hat verheißen, daß es uns an nichts Gutem mangeln soll, wenn wir seinen Weg gehen. So ruhen wir in seiner Verheißung; wir bleiben in ihm, so wie er in uns bleibt. Es reicht mir aus zu wissen, daß er gegenwärtig und bei mir ist. Es reicht mir aus zu wissen, daß er mich versteht und auf mich achtet. Ich freue mich über die Gewißheit, daß alle Dinge zu meinem Besten dienen. So werden wir erfahren, welcher Segen darin liegt, ganz in ihm zu ruhen und nicht mehr in uns selbst. Wir werden erkennen, wie herrlich es ist, unser Selbstvertrauen in ein Vertrauen auf Jesus umzuwandeln und all unsere Last auf ihn zu werfen. Ich bin sicher, wenn in deinem Leben Glauben zur Entfaltung seines Willens notwendig sein wird, daß er ihn dir auch geben wird. Denn Jesus ist der Geber aller guten und vollkommenen Gaben und der Anfänger und Vollender deines Glaubens.

XI.

Das irdene Gefäß

Nur wenige sind sich der nahen Verwandtschaft zwischen dem Natürlichen und dem Übernatürlichen bewußt — der Verwandtschaft zwischen dem *Körper* und dem *Geist*. Wir haben sie irrtümlich voneinander getrennt, und so glauben manche, daß der Herr nur in der Lage ist, unsere geistlichen Bedürfnisse zu stillen. Wenn wir so denken, verkennen wir nachweislich die durch Jesu Blut erkauften Privilegien als Christen, die sich auch auf unsere körperlichen Bedürfnisse beziehen.

Das große Erlösungswerk unseres Herrn umfaßt den ganzen Menschen — Körper, Seele und Geist. Jesus sagte zu seinen Jüngern: „Darum sollt ihr nicht sorgen und sagen: Was werden wir essen? Was werden wir trinken? Womit werden wir uns kleiden? Nach solchem allen trachten die Heiden. Denn euer himmlischer Vater weiß, daß ihr des bedürfet. Trachtet am ersten nach dem Reich Gottes und nach seiner Gerechtigkeit, so wird euch solches alles zufallen. Darum sorget nicht für den anderen Morgen, denn der morgige Tag wird für das Seine sorgen. Es ist genug, daß ein jeglicher Tag seine eigene Plage habe.“ Das sind genaue und eindeutige Aussagen. Die Schrift sagt nicht nur, daß unser himmlischer Vater *weiß*, was wir brauchen, sondern daß er ausdrücklich versprochen hat, uns dies auch zu *geben*.

Es besteht also eine ganz enge Verbindung zwischen dem Geistlichen und dem Natürlichen. Jesus trug seinen Jüngern auf, nicht nach Materiellem, sondern nach Geistlichem zu trachten. Als erstes und wichtigstes Ziel sollten sie nach dem Reich Gottes trachten. Dann, wenn sie dieses Königreich betreten hätten, würden sie alles in Fülle vorfinden, was sie zum Leben brauchten. Genauso lautete das Versprechen, das der Herr gegeben hat.

Hunderte von Jahren bevor Jesus herab zur Erde kam, befand sich einer der Propheten Gottes in großer Not. Er hatte nichts zu essen und keine Möglichkeit, etwas zu bekommen. Da machte Gott sein Wort wahr und sandte ihm Raben, die ihm morgens und abends zu essen brachten. Die Krüge der Witwe wurden deshalb nicht leer, weil sie auf ihren unendlichen Vorrat vertraute. Und das nicht, weil sie zu essen brauchte, sondern weil sie Gottes Wort gehorchte.

Gott hatte gesagt: „Trachtet am ersten nach dem Reich Gottes!“ Von daher liegt die Betonung zunächst auf dem Geistlichen und dann erst auf dem Körperlichen, und deshalb sollen wir unsere Natur, die wir von Adam her haben, den „alten Menschen“, vor dem Altar ablegen, damit Christus geistlich und dann auch körperlich zu uns kommen kann, wie er es versprochen hat.

Unser Herr sprach zunächst von der „Schöpfung“ und dann von der „Neu-Schöpfung“. Zuerst war die Natur, das Körperliche, dann erst kam das Geistliche. In Jeremia 8 lesen wir: „Dies ist das Wort, das geschah vom Herrn zu Jeremia, und sprach: Mache dich auf, und gehe hinab in des Töpfers Haus; daselbst will ich dich meine Worte hören lassen. Und ich ging hinab in des Töpfers Haus, und siehe, er arbeitete eben auf der Scheibe. Und der Topf, den er aus dem Ton machte, mißriet ihm unter den Händen. Da machte er einen anderen Topf daraus, wie es ihm gefiel. Da geschah des Herrn Wort zu mir und sprach: Kann ich nicht auch also mit euch umgehen, ihr vom Hause Israel, wie dieser Töpfer? spricht der Herr. Siehe, wie der Ton ist in des Töpfers Hand, also seid auch ihr vom Hause Israel in meiner Hand."

Es ist niemals im Sinne unseres Schöpfers gewesen, ein Flickwerk zu schaffen. Selbst die schlimmsten Sünder wurden „neue Geschöpfe", wenn sie sich in seine Hände begaben. Die Krankheit kommt durch das Fleisch, das Heil aber durch den Geist! Das zerbrochene Gefäß muß dem ewigen Töpfer in die Hand gegeben werden, damit er es neu formen kann, so wie es ihm gefällt!

Wieviel Menschen kommen zu mir und suchen Heilung, indem sie glauben, es genüge, wenn ich sie berühre. Sie wollen, daß der Herr ihren *Körper* berührt, während doch der Herr ihren *Geist* berühren will! Die körperliche Wirkung wird sich einstellen; aber Gott ist Geist, und daher muß der Strom, der zu neuem Leben erwecken kann, zuerst und vor allem durch den Geist kommen und nicht nur über den Körper. Als Jesus sagte: „Ich kam, damit ihr das Leben habt und damit ihr es in Fülle habt", da sprach er nicht nur vom geistlichen Leben, sondern auch von dem Leben, das buchstäblich jedes Atom unseres Wesens durchdringt und uns erfüllt mit der Herrlichkeit des Lebens, das kein Ende kennt.

Es gibt Menschen, die Heilung suchen, nicht aber den, der heilt. Sie nehmen damit das körperliche Ereignis vorweg. Inständige Gebete mögen keine Heilung gebracht haben; aber kein Anliegen wird auf die Dauer vergebens vorgebracht; und ein Gebet, das heute nicht erhört wird, mag vielleicht später Erhörung finden. In 3. Johannes 2 heißt es: „Mein Lieber, ich wünsche, daß dir's in allen Stücken wohlgehe und du gesund seiest, so wie es deiner Seele wohlgeht." Der äußerlichen Besserung geht sehr oft die innere Besserung voraus — bewirkt durch den Heiligen Geist in der Seele des Menschen, bevor äußere Anzeichen sichtbar werden. Die Bibelstelle nach Johannes, die ich eben zitierte, wirft göttliches Licht auf das Gesagte: Es ging zwar um Wohlbefinden für den ganzen Menschen, aber die Tatsache, daß es ihm wohl erginge und daß er gesund war, beruhte auf dem Wohlergehen, das von innen her kam!

Von daher kann man sagen, daß Menschen, die versprechen: „Herr, wenn du mich heilst, will ich dir dienen, so lange ich lebe", das Pferd verkehrt herum aufzäumen. Sie erwarten die Offenbarung seiner Kraft als etwas von *außen* Kommendes, während seine Kraft in Wirklichkeit von innen nach außen wirkt. Unsere Körper sind nicht zu vergleichen mit Muscheln, in denen wir leben; sie sind zugleich Wohnstätten des Allerheiligsten! Wird Gott nicht wollen, daß diese stark und gesund sind? Die heilenden Strahlen, die von Jesus, dem Auferstandenen, ausgehen, treffen nicht unser Äußeres, sondern dringen aus unserem Inneren hervor.

Das Gesetz des Herrn befolgen, bedeutet *fortzuschreiten*. Wir gehen von Herrlichkeit zu Herrlichkeit, aber wir erreichen niemals absolute Vollendung, bevor wir nicht wirklich am Ziel sind. Im menschlichen Bereich gibt es nichts Vollendetes; Vollendung gibt es nur im Göttlichen. Wir kommen zu ihm und bitten darum, daß wir das *Leben* haben, und daß wir es in Fülle haben. Sein Leben! Das Licht, das von dem Auferstandenen ausgeht, überflutet uns, bis wir ganz darin eingehüllt sind.

Es ist gut zu singen: „Komm zu Jesus". Es ist besser zu sagen: „Jesus ist zu dir gekommen." Aber am besten ist es, wenn wir sagen können: „Er lebt in meinem Herzen."

Es ist durchaus gemäß der Schrift, wenn Menschen, die in Not sind, die Ältesten aufsuchen und ihre Fürbitte erflehen.

Aber das ist nicht das Äußerste, was ein Mensch tun kann. Wenn wir Jesus haben, brauchen wir keinen Priester; wenn wir ihn haben, brauchen wir keinen Mittler, denn er ist der einzige wahre Mittler zwischen Gott und den Menschen.

Der Vorhang des Tempels ist zerrissen. Das Allerheiligste ist allen aus dem Geschlechte Adams zugänglich geworden, die mit Jesus gestorben sind und mit Jesus auferstehen werden in der Herrlichkeit und Kraft des ewigen Lebens.

Wir müssen den ganzen Menschen vor den bringen, der ihn gemacht hat. Wir tun es in Hingabe und Unterwerfung. Wir geben das irdene Gefäß dem himmlischen Töpfer zurück, der daraus ein neues Gefäß nach seinem Wohlgefallen formt. Obgleich es zerbrochen ist, verwirft er es nicht. Mit welcher Behutsamkeit und Liebe formt er uns neu, gibt er uns Heilung für Körper, Seele und Geist!

Nicht der, der uns das Wort Gottes bringt, nicht der Prediger, ist es, der heilt. Gott mag einen gesalbten Mann dazu benutzen, um seine Wahrheit kundzutun, aber keine Hände — außer denen des Herrn selbst — brachten dem menschlichen Herzen jemals immerwährenden Trost. Die Gemeindeältesten mögen mit Öl salben und ihre Hände den Kranken auflegen im Namen des Herrn Jesus. Die Geistlichen mögen das Brot brechen und den Gläubigen reichen und den Becher an ihre Lippen setzen. Das heißt noch nicht, daß sie wirklich den Leib und das Blut Jesu empfangen haben. Wer zum Abendmahl kommt, muß nicht nur „das Brot essen“ und „den Becher trinken“, sondern er muß wahrhaftig teilhaben an dem *Geist*, in dem Jesus dieses Opfer brachte. Dann erst wird er wirklich den Sinn dieses kostbaren und heiligen Sakraments erfahren.

Es gibt keine Richtlinien, wie jemand geheilt werden kann — genausowenig wie es Richtlinien dafür gibt, in der Gnade zu wachsen. Wenn wir unsere fleischliche Natur ablegen — in Verachtung und Abscheu vor diesem Leben, das uns geistliche und körperliche Pein brachte — wenn wir uns selbst ganz übergeben, nicht nur unser Benehmen und äußeres Tun, wenn wir die Führung dem Herrn anvertrauen — dann beginnt das übernatürliche, das himmlische Leben in uns. Nicht durch Nachahmung, sondern durch *Teilhabe* nehmen wir die Natur Jesu an, „... denn gleichwie er ist, so sind auch wir in der Welt" (1. Joh. 4, 17).

Diese Verwandlung durchdringt so sehr den ganzen Menschen, daß — zusammen mit dem Verschwinden von Angst und Pein — auch die körperlichen Beschwerden verschwinden. Denn die der Sohn Gottes befreit hat, sind frei: „... Wenn euch nun der Sohn frei macht, so seid ihr recht frei" (Joh. 8, 36).

Diese uns verwandelnde Herrlichkeit wird sichtbar an uns, bis wir — von Herrlichkeit zu Herrlichkeit fortschreitend — erwachen in Gottgleichheit. Hat nicht unser Herr gesagt: „... sündige hinfort nicht mehr, daß dir nicht etwas Ärgeres widerfahre" (Joh. 5, 14)? Immer und immer wieder verwies er auf die Verbindung zwischen Krankheit und Glaube. Er hat nicht gefragt: „Wie krank bist du?" oder „Wie groß sind deine Schmerzen?", wohl aber: „Glaubst du? Hast du lebendigen Glauben in deinem Herzen?". Er beschäftigte sich nicht mit dem Äußeren des Menschen, sondern mit seinem Inneren.

Daher ist es erfreulicher und von mehr Erfolg gekrönt, den irdenen Krug wieder in die Hand des Meisters zurückzugeben, anstatt selbst um Heilung zu kämpfen. Der Mensch ist nur allzu leicht dazu geneigt, die kleinen und unwichtigen Dinge zu sehr zu betonen und die größeren zu vernachlässigen. In unseren irdischen Angelegenheiten — ob wir essen, trinken oder sonst etwas tun — mag göttliche Führung zu spüren sein, aber sie sind nicht die letzten, die wichtigen Dinge unseres Lebens. Gott will, daß wir *ihn* erkennen, den zu erkennen ewiges Leben bedeutet. Er will uns in sein himmlisches Reich führen. Viele von uns machen sich Gedanken darüber, *wo* sie dem Herrn dienen sollen und fragen sich: „Soll ich in diese oder in jene Stadt gehen, Herr? Sollen wir hier oder dort leben?“ Es mag durchaus wahr sein, daß der Herr einen Ort für uns ausersehen hat, aber weit wichtiger ist es, daß wir im und aus dem Geiste leben! Genau wie es für Jesus nicht das Wichtigste war, ob er in Judäa oder in Samaria wirkte, sondern daß er ganz im Willen seines Vaters lebte.

Als Jesus einmal gefragt wurde: „Meister, wo wohnst du?“ antwortete Jesus: „Komm und sieh!“. Der Antwort wurde so wenig Bedeutung zugemessen, daß sie nicht einmal erwähnt wurde. Wir wissen nicht, wo Jesus wohnte und lebte. Weder die Straße noch die Hausnummer sind bekannt. War es in der Stadt, war es auf dem Lande? Vielleicht schlief Jesus unter den schattigen Zweigen eines Baumes, denn es wird von ihm gesagt, daß er nichts hatte, worauf er sein Haupt betten konnte. Wir wissen also nicht, *wo* Jesus wohnte, aber wir wissen, daß Gott seine Heimstatt war. Er kam auf die Erde, um den Willen des Vaters zu tun; und der Wille des Vaters war sein Wille. Wir wissen, daß Jesus im vollkommenen Gehorsam gegen Gott lebte: „So hat er, wiewohl er Gottes Sohn war, doch an dem, was er litt, Gehorsam gelernt“ (Hebr. 5, 8). Im Brief des Paulus an die Philipper heißt es: „Er erniedrigte sich selbst und ward gehorsam bis zum Tode, ja zum Tode am Kreuz.“ Sollen wir dann nicht auch unsere Leiden so sehen, daß wir durch sie zum Gehorsam kommen? Und wenn es so ist, sollten wir nicht dann den, der heilt, mehr suchen als die Heilung selbst?

Es ist menschlich, auf die Auswirkung eines Gebets zu sehen und auf jene, für die wir beten. Aber unseren himmlischen Vater freut es weit mehr, wenn wir um die Gnade bitten, den Grund für unsere Krankheit erkennen zu können. Denn was wir *sind* ist wichtiger als das, was wir *tun*. „Ich hebe meine Augen auf zu den Bergen, von welchen mir Hilfe kommt“, heißt es in Psalm 121. In Wirklichkeit kommt sie nicht von den Bergen, sondern von dem Herrn, der Himmel und Erde gemacht hat.

Wir lesen vom Glauben, der Berge versetzen kann, und schauen dabei auf die *Berge*, anstatt diesen Glauben zu suchen, der sie versetzen wird. Gott ist der Anfänger und Vollender unseres Glaubens. Wenn er also in ihm seinen Anfang nimmt und in ihm endet — warum sollten wir uns dann abmühen, Glauben hervorzubringen? Er allein kann ihn doch schenken. Wie kostbar ist seine Gegenwart und wie über alle Vorstellung lieblich ist das Wirken seines Glaubens und seiner Kraft! Aus uns selbst vermögen wir nichts — absolut nichts.

Wir sind so darin verstrickt, auf das Äußerliche zu starren und so ermattet von unserer eigenen Geschäftigkeit, daß wir die Stimme Jesu nicht mehr hören, die uns sagt: „Komm zu mir und ruhe dich aus. Leg nieder deine Last, die Traurigkeit deiner Seele. Leg dein Haupt an meine Brust!" Dann erkennen wir, daß nicht unser Glaube an ihn, sondern sein Glaube in uns wirksam wird. Nicht durch die Macht unserer Gebete, sondern durch das wunderbare Wirken seines Heiligen Geistes geschieht etwas.

Eines der Kinder Jesu, das an Körper, Seele und Geist geheilt wurde und ein lebendiges Zeugnis seiner heilenden Kraft ist, sagte: „Als ich aufhörte, begann Jesus." Wie leicht wird alles, wenn wir dahin kommen zu sagen: „Ich vermag nichts — er vermag alles."

Vertraue auf Gott! Laß ihn wirken! Er sprach ein Wort — und das Universum war geschaffen. Er sagte: „Sterne sollen am Firmament sein!" Und alles geschah, wie er es befahl. Er ist der unumstrittene Herrscher. Er ist es auch heute noch. Er ruft seine Kinder dazu auf, alles aufzugeben, was sie haben und was sie sind. Sobald die Dunkelheit weicht, wird das Licht einziehen. Wenn unser Selbst vergeht, kann er in uns wohnen. Aus unserem Inneren werden die „Wasser des Lebens" rinnen — heilende Ströme in der Wüste unseres Lebens. Die Wüste, die wir sind, wird sich neu beleben, und sie wird Rosen tragen!

XII.

Lebendiges Wasser

Nach der Hitze und Anstrengung des Tages ruhen wir und finden Erholung im Schlaf. Aus diesem Schlaf erwachen wir mit neuen Kräften für die Aufgaben, die vor uns liegen. Auch aus dem Tode werden wir so erwachen! Unser Herr hat gesagt: ,,Wahrlich, wahrlich, ich sage euch: Wenn das Weizenkorn nicht in die Erde fällt und stirbt, so bleibt's allein; wenn es aber erstirbt, so bringt es viel Frucht" (Joh. 12, 14).

Aus Jesu Tod erblühte das ewige Leben. Er selbst war der Erstling der Auferstandenen von allen, die entschlafen sind. Ohne Tod gibt es keine Auferstehung. Er schenkt uns nicht sein Auferstehungsleben, weil wir für ihn *leben*, sondern weil wir willens sind, für ihn und seine Sache zu *sterben* und es ihm ermöglichen, sein Auferstehungsleben in uns zu leben.

Gott erkannte, daß in den Menschen, nachdem sie gefallen waren, das Göttliche nicht mehr wohnen konnte; selbst wenn sie vom Baum des Lebens gegessen hätten — die Menschen wären für alle Ewigkeit in diesem Zustand verblieben. Der Tod war die Folge. Des Königs Gesetz hatte sich bewahrheitet: ,,Die

Seele, die gesündigt hat, soll sterben." Nur in einem neuen Geschöpf konnte Christus wohnen, in einem Geschöpf, in dem trotz aller irdischen Begrenztheit der Geist Gottes lebte.

So brachte das Opfer des Neuen Testaments — im Gegensatz zu denen des Alten Testaments — nicht nur den Tod, sondern aus dem Tod die Auferstehung! Es war ein Sieg, als er für uns auf Golgatha litt. An unserer Stelle starb er am Kreuzesstamm. Er nahm uns mit an das Kreuz und nahm uns mit in sein Grab; und aus dem Grab gingen wir mit ihm hinaus in die Morgenröte des Ostertages und hinein in das warme, ewige Leuchten seines Auferstehungslebens. Wir sitzen mit ihm zugleich im Himmel, denn wir sind in ihm und er in uns.

Zur Zeit seiner Ankunft auf Erden war kein Raum für ihn in der Herberge. Seine Herrlichkeit hatte den Himmel erfüllt und dann, als er in seiner geheimnisvollen Menschwerdung menschliche Gestalt annahm und von einer Jungfrau geboren wurde — da gab es keinen Raum für ihn in der Herberge. Es gab keinen Raum, weil schon alle Räume anderweitig belegt waren. Auch heute ist es so, wenn er zu uns kommen und bei uns wohnen will, wenn er unsere Körper — diese irdenen Gefäße — zu seinem Tempel machen will. Er wird keinen Raum finden, der ihn aufnehmen kann!

Wenn wir uns nur klarmachen wollten, daß sein Kommen Leben, Licht und Gesundheit bedeuten, so würden wir unseren egoistischen, fleischlichen Wünschen und Zielen nicht so viel Raum geben. Er, der unsere Sorge und Krankheit getragen hat, will kommen, um uns seinen Frieden, seine Ruhe und seine Freude zu schenken.

Wenn er kommt, wird er Glauben finden auf Erden? Einen Schritt weiter — wird er Glauben finden auf dem „Grund und Boden" unserer Seele? Wenn wir weniger mit dem beschäftigt wären, was wir tun, unsere Bibelinterpretationen weniger wichtig nähmen und dafür unser ganzes Sein dem König der

Herrlichkeit weit öffnen würden — wir könnten erneut die himmlische Musik der Engelschöre aus einer anderen Welt hören! Die Himmel würden widerhallen vor Freude! Glaubst du so stark an ihn, um ihm Raum zu lassen in deinem Inneren?

Wir dürfen uns Jesus nicht vorstellen in der Rolle eines Postboten, der Geschenke vom Vater bringt, sie draußen vor der Tür hinlegt und dann wieder weggeht! Es gibt Leute, die die Bibel wie einen Versandkatalog gebrauchen. Sie bitten den himmlischen Vater, ihnen zu geben, was sie brauchen, und warten dann auf den himmlischen Boten, der ihnen dies oder jenes bringt. Das Licht, das uns Jesus bringt, kommt nicht von außen auf uns zu. Es strahlt aus unserem Inneren. Die Geschenke, die er zu verteilen hat, wirkt er: Er „gibt" nicht das Licht — er *ist* das Licht. Er verleiht uns nicht Gesundheit — er ist Gesundheit. Er, der Sohn Gottes, der sein Leben für uns hingegeben hat, will bei uns wohnen und mit uns eins werden. Der Heilige Geist bereitet seine Wohnung in uns vor. In dem Maße, wie unser Selbst stirbt, durchdringt sein Licht, sein Leben und seine Liebe unser ganzes Sein.

Als eine Folge dieser Gnade, die in unserem Leben sichtbar wird, fließt der Kelch seiner Gnade und Güte über, und auch der Leib beginnt, an dem Auferstehungsleben teilzuhaben. Ruhe kehrt ein, wo vorher Anstrengung war. Friede herrscht anstelle des Kampfes. Die Gewißheit, daß Christus in uns wohnt und daß wir uns ihm ganz übergeben haben, gibt uns einen unendlichen Frieden im Herrn. Wenn wir nur auf seine Stimme hören wollten — wie oft spricht er zu uns: „Sei ruhig und wisse, ich bin dein Gott."

Mancher mag nun sagen: „Ja, ich glaube das!" Aber es ist nicht genug „das" zu glauben. Die Schwierigkeiten, die wir in der Vergangenheit hatten, kamen gerade daher, daß wir „das" geglaubt haben. Wir haben die Doktrin als die Wahrheit angesehen, während Jesus uns doch aufgerufen hat, ihn als die Wahrheit anzunehmen. Es ist auch nicht genug zu „wissen“, daß Christus die gesundmachende, die heilende und errettende Kraft ist. Er selbst muß bei uns armen, trostbedürftigen Menschen einkehren und wohnen. Er gibt uns nicht seine Stärke getrennt von sich selbst. Das Wunder der Heilung ist niemals ohne den Heiler möglich.

Wenn unser armer, kranker Körper und unser Leben verwandelt werden, dann nur in der Weise, daß unsere Dunkelheit von seinem Licht vertrieben wird. Er — der allein Gesundheit schenken kann — überwindet unsere Krankheit und unser Elend. Er — der unsere Stärke ist — tilgt all unsere Schwachheit. Wir sind stark in ihm; denn er macht uns, genau genommen, nicht stark, sondern er gibt uns seine Stärke. Seine Gegenwart bewirkt das. Nicht wir. Nur in Jesus ist Leben und nirgendwo anders. Christus und Adam können nicht unter einem Dach wohnen: Bevor der neue Mensch erstehen kann, muß der alte Mensch sterben. Dann kommt das Licht, und die Dunkelheit ist besiegt.

Wenn jemand in einer Familie krank wird, ruft man den Arzt, damit er eine Diagnose stellt. Das erste, was der Arzt tut, ist, die Ursache der Erkrankung herauszufinden. Wenn er sich darüber im klaren ist, was die Krankheit verursacht hat, verschreibt er eine Medizin. Es ist die *Medizin*, auf die der Kranke wartet — der Arzt ist nur Mittler. Der Arzt zieht seinen Block, schreibt seine Verordnung darauf, und jemand geht zur Apotheke. Er kommt zurück mit Tabletten oder wie immer die Medizin aussehen mag. Der Patient vertraut fest auf die Wirkung der Medizin, auf die heilende Kraft, die in ihr verborgen ist. Der Glaube und das Vertrauen in den Arzt geht nur so weit, als der Patient glaubt, daß der Arzt die rechte Medizin wisse und daß er weiß, was er verschreibt. Nachdem der Patient die Tabletten eingenommen hat, denkt der Patient nicht mehr an den Arzt, sondern wartet, bis die Arznei wirkt.

Wie ganz anders ist es mit unserem Herrn Jesus Christus! Die heilende Wirkung liegt nicht in dem, was er verschreibt. Sie liegt auch nicht darin begründet, daß er dies oder jenes tut. Sie liegt auch nicht in dem Wissen, wie man gesund wird. — Alle Wirkung geht von der *Person* unseres Herrn Jesus Christus aus. Er sieht, wie krank und elend wir sind. Und er weiß, daß die einzige Medizin „Heiligkeit" heißt — im Sinne von ganz und heil sein an Geist, Seele und Leib. Wir haben das auch gelesen und wissen das, aber wir haben den Fehler begangen, uns abzumühen, heilig zu werden. Aber es gibt keine Heiligkeit getrennt von ihm. Er läßt die Heiligkeit nicht in unseren Herzen zurück, geht dann hinweg und überläßt es uns, sie in unserem Leben zu nutzen.

Wir gehen zum Altar und beten um Heiligung; und manchmal stehen wir auf und sagen: „Dank sei dem Herrn, er hat alles wohlgetan." Aber eigentlich gibt er die Heiligung nicht, er *ist* unsere Heiligung. Wenn sein heiliges Wesen unser Leben durchflutet, sind wir wahrhaftig geheiligt in ihm.

„Durch ihn aber seid ihr in Christus Jesus, welcher uns gemacht ist von Gott zur Weisheit und zur Gerechtigkeit und zur Heiligung und zur Erlösung, auf daß, wie geschrieben steht: »Wer sich rühmt, der rühme sich des Herrn!«"

Ganz ähnlich ist es mit der göttlichen Heilkraft: Wir nehmen nicht eine „Tablette". Es wird auch dem Patienten nicht gesagt: „Nun mußt du dies und jenes tun, dann wird dich die heilende Kraft unseres Herrn berühren." In Jakobus 5, 15 lesen wir: „... und wenn er hat Sünden getan, wird ihm vergeben werden." Was der arme, gebrochene Mensch braucht — in all seiner Unwürdigkeit und seinen Sünden — ist, sich ganz dem Herrn zu übergeben. Das bedeutet, Jesus einzulassen.

Und nicht das, was er *gibt*, verwandelt uns, sondern das, was er *ist*! Er ist das Auferstehungsleben. Er ist die Weisheit. Er ist die Rechtschaffenheit. Er ist die Heiligung. Er, der einst das

Gefängnis gefangennahm — er wird dies an dir und mir erneut wirken. So, wie er in alten Zeiten die blutflüssige Frau heilte und seine Kraft in sie floß, so können auch wir den Strom seiner heilenden Kraft spüren. Die Wirkung liegt nicht darin, was wir *für* ihn tun. Im Gegenteil — die Kraft geht von ihm aus und fließt durch uns hindurch!

Dies ist auch der Grund dafür, warum unser Selbst zuerst sterben muß. Wir müssen seine Führerschaft anerkennen. Adam hatte vor dem Sündenfall das ewige Leben. Gott erschuf ihn mit einer lebendigen Seele. Als Adam gegen den Schöpfer allen Lebens sündigte, verfiel er dem Gesetz des Todes. Das heilige Opfer wurde nötig, um das Lösegeld für unsere Sünden zu zahlen und uns vor dem Tode zu erretten.

Unser Herr nahm die Gestalt des Menschen an und alles, was menschlich ist — die ganze Schwäche und Fehlbarkeit Adams. Er nahm den Tod auf sich — den Tod am Kreuz. Er stieg hinab in die Hölle. Aber dann ist er auferstanden im Glanze seines Auferstehungslebens.

Als dieses gewaltige Erlösungswerk beendet war, waren alle Menschen auf der ganzen Erde aufgerufen, von ihrem sündigen Leben abzulassen und an den *Herrn Jesus Christus zu glauben*. Sie sollten gerettet sein, wenn sie ihn als ihren Erretter und Erlöser annahmen. Indem sie ihn als ihren Erlöser anerkannten, sollten sie erlöst sein. Er nahm ihren Tod mit in sein Grab, und als er glorreich aus der Dunkelheit der Gruft hervortrat, erschallte seine Stimme durch alle kommenden Jahrhunderte: „Ich bin die Auferstehung und das Leben. Wer an mich glaubt, der wird leben, ob er gleich stürbe; und wer da lebet und glaubet an mich, der wird nimmermehr sterben" (Joh. 11, 15 und 16).

Jesus ist das wahre Fundament des Glaubens. Er ist die ewige Wahrheit. Es gibt keinen anderen Weg. Wir müssen ihn empfangen. Und wenn wir ihn aufnehmen, muß unser Selbst verschwinden; denn man kann nicht zwei Herren dienen. Ein

Geschöpf mit zwei Köpfen wäre ein Monstrum. Es würde endlose Verwirrung bedeuten — und letzten Endes Verzweiflung —, würden wir es zulassen, daß in uns zwei widerstreitende Mächte die Herrschaft beanspruchen. Wenn wir uns Christus ganz übergeben haben und ihn als unser Haupt und unseren Erretter anerkannt haben, dann werden wir nicht mehr sagen: „Liebe Seele, du hast einen großen Vorrat auf viele Jahre; habe nun Ruhe, iß, trink und habe guten Mut" (Luk. 12, 19), sondern vielmehr „Mein Leben ist Christus" und „Ich bin gekreuzigt mit Jesus; trotzdem lebe ich. Aber nicht ich, Christus lebt in mir: Und das Leben, das ich jetzt im Fleische lebe, lebe ich durch den Glauben des Sohnes Gottes, der mich liebte und sich für mich hingab." Dann strömt das göttliche Leben in uns ein. Es ist keine Anstrengung dabei. Es ist Ruhe, Heilung und Kraft. Nicht die zerstörende Kraft einer Explosion — sondern die unzerstörbare Kraft seines Lebens, seiner Freude und seines Friedens.

Irrigerweise denken die Menschen, sie müßten sich anstrengen und abmühen, stöhnen und flehen, um zu einem Leben in Christus zu gelangen. Strengt sich ein Fluß an, um bergab zu fließen? Ist irgendeine Anstrengung zu erkennen, wenn das Wasser sanft dahinfließt, wo das weite Meer bereit ist, es aufzunehmen? Wir sind lediglich das Flußbett, und sein Leben ist der Fluß. Er fließt durch uns hindurch, verströmt sich an uns, läßt uns teilhaben an seiner Fülle, durchdringt uns — bis unser Leben mit Christus in Gott mündet. Unsere menschliche Natur wird durch seine göttliche Natur verwandelt. Unsere Krankheit, unser Leiden und all unsere Pein — könnten sie auch standhalten in der Flut seiner göttlichen Liebe? Wenn wir uns ganz Gott ausgeliefert haben, werden wir merken, daß er sowohl streng als auch voll Liebe sein kann. Aber selbst in seiner Strenge ist noch Liebe. Er will nicht, daß wir etwas entbehren müssen, aber sein Gebot lautet: „Tötet den alten Menschen, laßt ab vom Äußerlichen!" Es gibt keinen anderen Weg. Die Hingabe an Christus kann nicht teilweise, sie muß bedingungslos sein. Auf allen, wirklich auf allen unseren Wegen, müssen wir ihn bitten, unsere Schritte zu lenken. Wenn wir es nur tun, um Heilung oder irgend etwas anderes zu erlangen, das uns am Herzen liegt — ist es da ein Wunder, daß unser Gebet oft unerhört bleibt?

Für den Arzt ist es sicher nicht angenehm, wildes Fleisch wegschneiden zu müssen. Aber er muß es ganz und gar entfernen, bevor eine Wunde heilen kann. Geht es uns nicht auch wie der Frau, die aus Sidon kam und ahnte, daß Jesus sehr hart zu ihr sein würde? Seine Worte mußten sie zutiefst gekränkt haben, und man müßte annehmen, daß sie unglücklich war über das, was Jesus zu ihr sagte. Aber wenn wir genau hinsehen auf das, was Jesus tat, erkennen wir, daß seine scheinbare Strenge von Liebe, Güte und Mitgefühl durchtränkt war.

Wir verlieren also nichts, wir kommen nicht zu kurz, wenn wir unsere alte Natur ablegen, damit die göttliche in uns wirksam werden kann!

Als unser Herr unter den Zweigen eines Baumes im Garten Gethsemane lag, betete er: „Mein Vater, ist's nicht möglich, daß dieser Kelch an mir vorübergehe, ich trinke ihn denn, so geschehe dein Wille!" (Matth. 26, 42). Der einzige Weg zur Auferstehung führte durch den Garten Gethsemane. Der einzige Weg seines Sieges über den Tod war der Weg zum Kreuz. Und er will, daß wir ihm nachfolgen. „Ich lebe", sagt er, „und auch ihr sollt leben!" Aber wir wissen sehr wohl, daß seinem Auferstehungsleben in uns der Tod unseres Selbst vorangegangen sein muß.

Auch das, was an unserer alten Natur scheinbar gut ist, muß zusammen mit offensichtlich Bösem geopfert werden. Isaak, der von Gott verheißene Sohn, sollte geopfert werden aus Gehorsam zu Gott. Wir können uns die herzzerreißende Klage und die Gebete Abrahams vorstellen und uns denken, wie tief verwundet er in seinem Innersten gewesen sein mußte. War ihm dieser Sohn nicht von Gott selbst verheißen worden? Und nun befahl ihm der Herr, Isaak zu opfern! Seinen geliebten Isaak! Dieses langersehnte und verheißene Kind! Aber Abraham war ein Mann des Glaubens, und er erkannte es als richtig und notwendig, Isaak zu opfern. Er nahm das geliebte, lebende Opfer und stieg mit ihm den Berg hinauf. Und weil er bedingungslos glaubte, wurde ihm das Opfer erlassen, kam die Erlösung. Der Herr zeigte ihm den Widder in der Hecke, zeigte ihm ein stellvertretendes Opfer, das Gott für ihn vorgesehen hatte und das Abraham annehmen konnte. Dieses Erlebnis eröffnete Abraham und uns das Tor zu einer Erfahrung, die so überwältigend ist, daß nur der Heilige Geist jedem einzelnen von uns den tiefen Sinn offenbaren kann.

Der Erlösungsplan unseres Herrn, die Menschen zu reinigen und auf sein Kommen vorzubereiten, ist kein einfaches „Schnellverfahren". Es gibt immer wieder Quacksalber, die ihre Tränklein in Magazinen und Zeitungen anpreisen und gegen einen bestimmten Betrag Heilung in einer bestimmten Zeit versprechen; und es gibt immer wieder Pseudoreligiöse, die Heilung versprechen aufgrund sogenannten „göttlichen Wirkens", das aber alles andere als göttliches Wirken ist. Es gibt nur einen Weg. Und dieser Weg heißt Christus! Mehr als einmal hat es in der Geschichte „Sprachverwirrung" gegeben, wenn Demagogen das Volk verführt haben. Und der Turm zu Babel war nicht der einzige Platz, wo das geschah.

In der Zeit, als Christus auf Erden wandelte, brüsteten sich die Pharisäer: „Wir haben die Wahrheit!" und die Sadduzäer erwiderten: „Nein, *wir* haben sie!" Lange vor ihnen hatten bereits die griechischen Philosophen darauf bestanden, die Wahrheit erkannt zu haben. Unser Herr brachte sie alle zum Schweigen, indem er sagte: „Ich bin der Weg, die Wahrheit und das Leben. Niemand kommt zum Vater denn durch mich." Das galt damals und gilt heute. Er ist unser Weg. Er ist unsere Wahrheit. Und er ist unser Leben. Es gibt keinen anderen Weg. Es gibt kein anderes Leben. Es gibt keine andere Wahrheit. Es ist also gut und richtig zu singen: „Jesus soll herrschen soweit die Sonne scheint, siegreich soll er sein im Himmel und auf Erden ..."

Noch ist es nicht erfüllt, aber der Tag ist nicht mehr fern. Bis dahin soll es in unseren Herzen klingen: „Christus lebt in mir! Christus lebt in mir! Ich bin errettet — denn Christus lebt in mir!"

Das Fleisch stirbt, und der alte Adam muß gekreuzigt werden. Es mag nicht leicht fallen, sich Gott ganz hinzugeben, aber genau das ist es, was unser Herr von uns will, bevor er herabsteigen kann zu uns, um in diesem irdenen Gefäß zu wohnen.

Ein Mensch in großer Not hat einmal geschrien: „Ich kann dieses Kreuz nicht tragen!" Und die göttliche Stimme antwortete ihm: „Soll ich dir dieses Kreuz abnehmen?" Da erkannte er, daß ihm vielleicht ein noch schwereres Kreuz auferlegt werden könnte, welches er wirklich nicht zu tragen vermochte. So bat er nicht mehr darum, sein Kreuz abwerfen zu dürfen. Und kurze Zeit später hörte er eine liebevolle Stimme: „Jetzt ist die Zeit gekommen — gib mir dein Kreuz, ich will es für dich tragen."

Durch die Hingabe brach das Licht hervor — das herrliche Licht der Erkenntnis, daß Gott selbst in unser Leben eingreift. Seine Arme halfen das Kreuz tragen, hoben es empor mit der Kraft seines Auferstehungslebens — bis es eine *Krone* wurde!

Welch ein unschätzbares Vorrecht ist es, sich Gott anvertrauen zu dürfen! Wie gesegnet und gnadenreich ist es, eingeladen zu werden und alle Bürde zu des Meisters Füßen niederzulegen! Wie schwach sind wir und unser Verstand im Vergleich mit ihm! Wie sündhaft ist unser menschliches Wollen im Licht des göttlichen Willens, der in Christus erfüllt wurde!

Brüder in Christus — wir werden nichts entbehren! Gottes Wort verkündet uns klar und eindeutig, daß jemand, der einen anderen Weg einschlägt, in die Irre geht — denn der Herr Jesus Christus ist die einzige Tür zu Gott. Und niemand kann zum Vater kommen als durch ihn. Wie gut ist es, sich dessen zu erinnern und zu bezeugen:

Welch einen herrlichen Freund ich fand!
Er liebte mich, eh ich ihn erkannt.
In Liebe zog er mich zu sich —
gebunden bin ich nun an ihn.

Wir sind gewohnt zu sagen, der Vater sehe uns in Christus; aber mein Herz sagt mir, die Wahrheit ist dies: Gott will zuerst *Christus in uns* sehen.

XIII.

Das lebendige Wort

Bevor Jesus in Bethlehem geboren wurde, deuteten weise Männer Gottes das Alte Testament. Gott offenbarte sich also auf übernatürliche Weise nur einem kleinen Kreis Auserwählter, die dazu berufen waren, Gottes Wort für andere niederzuschreiben, damit sie es lesen und im Lichte dieser Wahrheit wandeln konnten.

Dann kam der Tag, an dem das Wort *Fleisch* wurde und unter uns Wohnung nahm! So wie das geschriebene Wort der *Gedanke* Gottes war, so war das lebendige Wort die *Verkörperung* dieses Gedankens, ausgedrückt in dem Wunder der Menschwerdung Jesu, in der Person unseres Herrn und Erlösers Jesus Christus!

Daher ist jedes Wort, das über die Lippen Jesu gekommen ist, durchdrungen von dieser Wahrheit: „Ich bin gekommen, daß sie das Leben und volle Genüge haben" (Joh. 10, 10). Dic Worte, die Jesus sprach, waren Geist und waren Leben! Er war „das wahrhaftige Licht, welches alle Menschen erleuchtet, die in diese Welt kommen" (Joh. 1, 9), und die folgen, sollen nicht in der Dunkelheit wandeln, sondern im Licht des Lebens!

Wir haben gelesen, was er gesagt hat, und die Herrlichkeit seiner Worte erkannt. Wir haben von dem gelesen, was er auf Erden gewirkt hat, und haben es als Wunder über Wunder bezeichnet. Wir haben — aber wenn doch unsere Augen seine göttliche Absicht sähen, so daß wir in unsere Herzen die Fülle seiner erlösenden Gnade aufnehmen könnten!

Der Buchstabe des Gesetzes kann niemals richtig verstanden werden ohne das offenbarende Licht des lebendigen Wortes — des Wortes, das Fleisch geworden ist. Das Wort, das einst kam, um unter uns zu wohnen, ist nun gekommen, um *in* uns zu wohnen!

Glücklich gepriesen sei der Tag, als an einem bestimmten Punkt der Ewigkeit Gott die vier Enden des himmlischen Reiches berührte, Anfang und Ewigkeit umspannend, und alle Herrlichkeit, alle Gnade, alle Liebe, alle Güte und alle Wahrheit in dem Wunder der Menschwerdung Christi zusammenfließen ließ. Er vereinte sie alle und legte sie als ein Kind in die Arme einer Jungfrau. Sein Name war Jesus, und er war dazu bestimmt, die verlorene Welt von ihren Sünden zu erlösen.

Er ist unser Leben. Er ist unser Heil. Er ist unsere Stärke. Er ist nicht das Wort, wie es früher geschrieben stand; er ist das Wort, das *Fleisch* geworden ist, das lebendige Wort, das Wort Gottes, das einst *unter* uns wohnte und nun das lebendige Wort ist, das *in* uns wohnt. Er ist das Wort, und auch wir können es werden, da er ja in uns lebt. Durch die Ströme seines göttlichen Lebens werden wir verwandelt von einer Herrlichkeit zur anderen. Und wenn wir erwachen, werden wir ihm gleich sein.

Vielfach wurden von dem, was Jesus gesagt hat, einige Aussprüche hervorgeholt und großartige Predigten um sie herum aufgebaut. Jesus wurde zu einem Ideal — zu einem Muster für unser Leben und als Beispiel dafür, wie wir zu leben haben. Das ist alles gut und schön — aber es ist nicht der Inhalt des Rufes, der durch Christus an uns ergangen ist. Was er sagte, war eine göttliche Offenbarung dessen, was er *ist*. Die Dinge, die er sagte und tat, waren nur die Auswirkungen einer inneren Ursache, die in seiner Person lag.

Paulus betete nicht um Weisheit, um mehr über Jesus zu wissen, sondern: „... ich achte es noch alles für Schaden ... Ich möchte ja ihn erkennen und die Kraft seiner Auferstehung ..." (Phil. 3, 8 u. 10). Es ist diese lebendige Einheit mit Christus, die in unserem Leben notwendig ist. Wir müssen unsere Anstrengungen unterlassen, um zu werden wie er. Denn es ist nicht nötig, Stunde um Stunde in der Lebensgeschichte eines Königs zu lesen, wenn man in seiner königlichen Gegenwart lebt.

Die Frau am Brunnen von Samarien war betroffen darüber, weil Jesus nicht sagte, auf welchem Berg sie Gott anbeten würden. War es der Berg in Jerusalem, wo die Juden wohnten, oder waren es die Berge von Samarien, wo die Samariter lebten? Jesus sprach zu ihr: „Weib, glaube mir, es kommt die Zeit, daß ihr weder auf diesem Berge noch zu Jerusalem werdet den Vater anbeten. Gott ist Geist, und die ihn anbeten, die müssen ihn im Geist und in der Wahrheit anbeten (Joh. 4, 23).

Er selbst ist die Wahrheit. Er selbst ist der Weg. Er selbst ist das Leben. Und es ist nicht das geistige oder intellektuelle Verstehen dieser Tatsache, das unaussprechliche Freude in die Herzen der Christen bringt. Es ist das tatsächliche Erleben, das wir haben, wenn unser Geist von seiner befreienden göttlichen Kraft und seinem Leben durchflutet wird. Die Seelen derer, die sich Christus ganz hingegeben haben, werden von dem Licht dieser Welt, von Christus, erfüllt sein.

Alle Kreatur seufzt danach, befreit zu werden, wie es verheißen wurde: „Denn das ängstliche Harren der Kreatur wartet, daß Gottes Kinder offenbar werden... denn auch die Kreatur wird frei werden von der Knechtschaft des vergänglichen Wesens zu der herrlichen Freiheit der Kinder Gottes" (Röm. 8, 19 bis 23). Wenn auch unsere „Töpfe" Sprünge haben — sein

Licht wird herrlicher leuchten als die Mittagssonne. Das Licht der Welt, welches Jesus ist, wird offenbar werden durch das Leben der Kinder Gottes.

Es gab eine Zeit, in der sich die Gegenwart und Kraft Gottes in der Arche Noahs offenbarte. Diese Zeiten sind vorbei. Der Herr hat sein Gesetz in unsere Herzen eingeschrieben. Der fleischgewordene Christus wurde König in den Leben derer, die ihm gehorchen. Der Schall beginnt gerade erst auszugehen, und wenn er sich fortpflanzt, werden die Mauern vom Jericho dieser Welt einstürzen. Und gerade so wie sich Erstaunen und Entsetzen auf den Gesichtern der Einwohner von Jericho widerspiegelte, so wird die Welt stehen und staunen, wenn Gottes Sohn sich offenbart!

Die Wirkung wird nicht von den Kindern Gottes ausgehen — sie kommt von Christus! Das Wort, das geschrieben steht, sagt es voraus. Die Propheten sahen dies durch Eingebung voraus, als hätten sie einen Blick in die Zukunft tun dürfen. Und sie sprachen in klarer und deutlicher Sprache von dem Triumph des Herrn und der Herrlichkeit des Sohnes Gottes. Johannes sah es voraus, als er sich, vom Geist erfüllt, auf der Insel Patmos befand. Die Offenbarung, die im Geist der Menschen wie ein Feuer brennt, übertrifft alles, was von außen kommen kann, denn sie entspringt dem Licht, das von innen her kommt. Gott selbst sagt uns, wie er verstanden werden will, und er tut dies klar und deutlich.

Die Voraussagen, die Jesus betrafen, enthielten nicht nur Hinweise auf das, was er *tun,* sondern auch auf das, was er *sein* würde. Das Wunder seiner Gnade besteht nicht nur darin, daß er etwas für uns tun würde, sondern *was* er in uns werden würde. Es wäre sicher ebenso wunderbar gewesen, wenn er gekommen wäre, um uns einen Plan aufzuzeigen, wie wir Erlösung finden können; aber es ist unaussprechlich kostbar, wenn wir uns dessen bewußt werden, daß er *starb*, um diese Erlösungstat zu bewirken. Kann denn ein Mensch Erlösung erwarten und den Erlöser ablehnen? Gibt es denn Christentum und Christenheit ohne Christus? Kann denn jemand geistlich sein ohne den Heiligen Geist? Das ist es, warum uns kirchliche Rituale nichts gebracht haben — weil der Mensch sie an die Stelle seiner lieblichen Gegenwart gesetzt hat und versuchte, durch die bloße Zeremonie Trost für seinen verwundeten Geist zu finden. Wie oft hat er dabei dem Herrn der Herrlichkeit die Tore verschlossen!

Eine Wahrheit, die im Dienst und Leben unseres Herrn ganz deutlich wird, ist das Privileg zunehmender und wachsender Gnade und Erkenntnis von Gott. Der Apostel Paulus, in dessen Geist Christus fortlebte, predigte diese gleiche herrliche Wahrheit und ermunterte uns zu geistlichem Wachstum. Dieses geistliche Wachstum, dieses Mündigwerden als Christ, ist nicht die Fortentwicklung des menschlichen Verstandes; es ist auch kein Wachsen von der Intelligenz her im Hinblick auf die Gabe des Sehens. Es ist vielmehr der ungehinderte Zustrom des Wissens um Christus, das uns mit dem Herzen verstehen lehrt — gleichzeitig mit der geistlichen Fähigkeit, Jesus zu empfangen.

Das Anwachsen des christlichen Lebens in uns ist die nach außen hin sichtbare Offenbarung seines Lebens. So wie in der natürlichen Welt die Identität der Braut in ihrem Bräutigam verlorengeht, so ist es auch mit der Braut Christi. Sie nimmt wirklich teil an seiner göttlichen Natur: „Wer an mich glaubt, aus dem werden Ströme des lebendigen Wassers fließen." Die göttliche Flut des Auferstehungslebens wird unseren Körper, unsere Seele und unseren Geist durchdringen; und die göttliche Kraft und Stärke unseres Herrn wird alles null und nichtig werden lassen, was wir durch das Gesetz erlangt haben. Das bedeutet Heilung. Und es meint mehr als Heilung — es bedeutet Gesundung und Gesundheit in alle Ewigkeit. Es heißt, daß das göttliche Leben fortan in uns wirksam sein wird.

Wenn doch alle Schafe auf seiner Weide, die durch äußerliche Umstände so viel zu leiden haben, wieder die Stimme des Guten Hirten hören könnten, die da sagt: „Kommt her zu mir!“ Welch ein Heer verschiedener Glaubensrichtungen um uns her! Wie hartnäckig sie ihre Dogmen proklamieren und ihre privaten Interpretationen! „Göttliche Heiler“ preisen ihre Methoden an. Das Bußopfer unseres Herrn wird klassifiziert und zugeteilt — als ob man das Sonnenlicht in Kübeln wegtragen könnte! Wie verwirrend sind die vielen widerstreitenden Stimmen von überall her, die bald diese, bald jene Wahrheit verkünden!

Wie hatten doch in alten Zeiten die Pharisäer und die Sadduzäer Macht über das Volk ausgeübt! Was wurde alles von den Menschen verlangt, um rechtschaffen zu leben! Sie mußten den Zehnten entrichten, obwohl sie ihn schon gezahlt hatten. Sie mußten öffentlich beten. Sie lagen im Bann der Gesetzlichkeit und waren versklavt in den Ketten des Rituals. Aber als Jesus kam, schob er alle Traditionen beiseite, den ganzen Karren, den sie vollgeladen hatten mit Vorschriften und Vorurteilen. Er zeigte ihnen, wie wenig er ihre Sabbat-Gebote achtete und heilte Menschen, die ihn brauchten, ob es nun Sabbat war oder nicht. Sein Anruf richtete sich an die Herzen und den Geist der Leidenden, der Sünder und aller, die mühselig und beladen waren.

„Kommt her zu mir!“ sagte er. Das war alles. Sie brauchten nur ihren Kopf an seine Brust zu legen. Sie mußten nicht erst durch diese oder jene Pforte gehen — es gibt nur eine Tür, nachdem Jesus gekommen ist. Es gibt nur einen Weg. Es gibt nur ein Leben. Es gibt nur eine Errettung — und das ist die des Erlösers. Die Menschen kamen direkt und ungehindert zu ihm, und von ihm gingen Ströme der Kraft auf sie über: Leben, Gesundheit, Kraft, Freude und Frieden. Es war ihr alles. Sie brauchten nichts außer ihm. Ob es nun der selbstgerechte Nikodemus war oder die arme, gebrochene Maria Magdalena — er war die unerschöpfliche Quelle, und bei ihm fanden sie alles, was sie brauchten.

Wie sehr haben wir uns bemüht, intellektuell zu sein. Mit welchen würdigen Phrasen und Lehrformeln haben wir unseren Herrn verdeckt. Mit welcher Energie und welcher Erfindungsgabe haben wir unsere eigenen Quellen gegraben. Und wir haben doch nur Wasser gefunden, das „marah", bitter, war. Wir haben Zisternen errichtet und siehe, es war kein Wasser darin.

Kein verlorener Sohn im fremden Land kann jemals die Ruhe und den Frieden begreifen, deren wir uns in unseres Vaters Haus erfreuen. Wenn man einen Mann in einem Schweinestall beläßt und ihm ein Buch mit dem Titel „Wie werde ich glücklich" in die Hand drückt, wird dadurch der Gestank in seiner Umgebung nicht weniger, noch wird sein Herz den Frieden erlangen, um den es fleht! Auch wird man ihm nichts Gutes antun, wenn man ihn niedersitzen läßt und er hingebungsvoll der Erzählung von der Schönheit der Welt da draußen lauscht, vermischt mit Schelte darüber, daß er sich selbst in diese mißliche Lage gebracht hat.

Nein, so geht es nicht. Er, genauso wie du und ich, müssen zu dem Entschluß kommen und sagen: „Ich will aufstehen und zu meinem Vater gehen!" Und wir müssen uns durch die Volksmenge schieben und drängen, wie damals die kranke Frau. Wir müssen uns durch die lärmende und schreiende Menge einen Weg bahnen, bis wir von Angesicht zu Angesicht vor dem Herrn Jesus Christus stehen. Er ist der Ewige Friede. Das Licht, das von seinem Antlitz ausgeht, wärmt unsere Herzen, und die Tore des Geistes öffnen sich weit, um das „Licht der Welt" einzulassen.

Er sagt zu uns: „Gib mir dein armes, zerbrochenes, nutzloses Leben; und ich will dir dafür meines geben. Gib mir deine

Schwachheit, dein Leben, das geschlagen ist von der Unmenschlichkeit und der Grausamkeit der Sünde. Gib es mir, und ich will dir meinen Mut, meine Kraft und meine Stärke geben. Ich starb, damit du lebst. Und nun, so wie dein Selbst in dir stirbt, werde ich in dir leben. Ich habe mich ganz dem Willen des Vaters ergeben um deinetwillen; ergib du dich nun — vollkommen und ganz — dem Willen des Vaters durch mich!"

Wir waren ungehorsam gegen Gott und zum Sterben verurteilt. Jetzt kehren wir zurück zum Gehorsam und leben in Christus wieder auf. Wir geben uns wieder der unmittelbaren Fürsorge des Schöpfers anheim, der auch uns geschaffen hat. In der Herrlichkeit Gottes, in dem Land, in dem der Tag nicht endet, werden wir die Sonne nicht brauchen, auch nicht den Mond; denn das Lamm selbst ist das Licht. Und dieses Licht, das den Himmel erhellt, wird auch unseren Geist erleuchten. Wir sollten daher nicht das „Lampenlicht" suchen, sondern das „Licht des Lammes".

Wenn wir alles richtig bedenken, können wir vieles über Bord werfen von den Dingen, die man uns immer wieder lehrte zu *tun*. Warum sollten wir unsere Kerzen anzünden, wenn die Sonne hell scheint? Warum sollten wir versuchen, die Ebbe im Ozean herbeizuführen, wenn unser himmlischer Vater es so eingerichtet hat, daß die Erdanziehung und die Kraft des Mondes das wechselseitig bewirken? Es ist sein göttlicher Wille, daß seine Schafe nicht in Blindheit umherirren und nach der Quelle des Heils suchen. Es ist sein Wunsch, daß alle seine Kinder direkt zu ihm kommen und mit Christus vereint leben, damit sie alle zum Vater kommen.

Aber wie traurig sieht die Wirklichkeit aus: Er kam in sein Eigentum, aber die Seinen nahmen ihn nicht auf. Er war das Licht, das in die Dunkelheit schien, aber die Finsternis hat es nicht begriffen. Er war die Erfüllung der Prophezeiungen, aber die Gelehrten haben ihn nicht erkannt. Er rief die Menschen zu sich, aber er predigte tauben Ohren, und sie blieben bei ihrem Aberglauben. Er bot sich selbst als Lösegeld für die Menschheit an, aber er wurde zurückgewiesen und verachtet — ein Mann der Schmerzen, beladen mit Qual.

Ist es da verwunderlich, daß Jesus unter den Zweigen eines Baumes in Bethphage stand und ausrief: „Jerusalem, Jerusalem, die du tötest die Propheten und steinigst, die zu dir gesandt sind! Wie oft habe ich deine Kinder versammeln wollen, wie eine Henne versammelt ihre Küchlein unter ihre Flügel, und ihr habt nicht gewollt? Siehe, »euer Haus soll euch wüste gelassen werden« (Jer. 22, 5; Ps. 69, 26).

Denn ich sage euch: Ihr werdet mich von jetzt an nicht sehen, bis ihr sprecht: Gelobt sei, der da kommt im Namen des Herrn“ (Matth. 23, 37—39).

In ihrer blinden Ignoranz und ihrem Aberglauben haben sie nicht begriffen, was er damit meinte. Er sprach von dem Brot, das er war; und alles, was sie sich dabei denken konnten, war die Erinnerung an das Manna, das einst in der Wüste vom Himmel fiel. Er sprach von dem „lebendigen Wasser“ — dem Wasser, das er selbst war — aber alles, was sie vor Augen hatten, war Wasser, das man auf die Steine des Altars goß. Der Mensch damals — und der Mensch von heute — hat alles mögliche getan, nur das eine nicht — ihn einfach aufzunehmen!

Ihn aufnehmen heißt, ihm den ganzen Menschen zu übergeben. Das Herz, das sich der Herrschaft Christi öffnet, erfährt wahrhaftig seine Gegenwart. Und es wird so sein, wie es einst war: der Löwe und das Lamm liegen nebeneinander. Wir werden mit Jesus zusammen in himmlischen Gefilden wandeln, und der Klang seiner Stimme wird so lieblich sein, daß die Vögel verstummen.

Die lebendige, lebensspendende Wirklichkeit seines göttlichen Wohnens in uns quillt hervor aus unserem Innersten wie ein nie versiegender Brunnen himmlischer Herrlichkeit. Ganz ohne Anstrengung. Seine Gegenwart durchdringt jede Faser unseres Seins, und wir brauchen nicht zu warten, bis sich dereinst die himmlischen Pforten für uns öffnen, um niederzuknien in Anbetung vor seinen Wundern und seiner Liebe.

In dem Augenblick, wo sich der menschliche Geist und das Fleisch dem Herrn ganz übergibt, wird der Herr des Lebens anfangen, in uns zu regieren. Christus ist alles und in allem. Und alles, was Christus war, wird er jetzt in uns werden. Wir trinken von seinem Leben, seiner Heilkraft, seiner errettenden Gnade und seiner Stärke. Seine vollkommene Liebe hat all unsere Furcht vertrieben, und wir werden ihn als den einzigen Gott, den wahren Mittler zwischen Gott und den Menschen erkennen — den Menschen Christus Jesus.

Er ist es, in dem wir Vollendung finden. Und vom angsterfüllten Flehen werden wir zu der Erkenntnis gelangen, daß ihn finden nicht allein Leben und Frieden bedeuten: Wir werden dann in der unerschütterlichen Gewißheit leben, daß der, in dem Christus wohnt, der Seligkeit und himmlischen Freude teilhaftig wird. Aus seinem innersten Wesen werden die Ströme lebendigen Wassers fließen. Wasser, das von Gottes Thron ausgeht und dazu bestimmt ist, zu Gott zurückzufließen.

Wenn unser Weg auf Erden beschwerlich sein wird, werden wir lernen, in ihm Genüge zu finden. Nicht durch menschliche Anstrengung, sondern aus dem Glauben, den der Herr Jesus Christus uns schenkt, und der durch seine Liebe in uns wirkt. Dieser Glaube überwindet alle Schwierigkeiten — seien sie körperlicher, geistlicher oder materieller Natur.

Dieses vollkommene Genügen kann nur dadurch gefunden werden, daß Christus in uns wohnt und wirkt — denn in ihm und durch ihn empfangen wir alles, was wir bedürfen.

Weitere Veröffentlichungen aus dem
VERLAG C. M. FLISS:

Von Gott erwählt
von Dr. Charles S. Price

Lesen Sie diese Autobiographie von Dr. Price. Sein Leben ist ein eindrucksvolles Zeichen des Wirkens Gottes im Leben eines Menschen, der sich Gott total zur Verfügung stellt!

Völlige Erlösung für Geist, Seele und Leib
von Dr. Charles S. Price

Diese Veröffentlichung stellt eine Weiterführung und Vertiefung der Bücher GLAUBE IST GNADE und VON GOTT ERWÄHLT dar.

Geistgewirktes Gemeindeleben
von Th. F. Reid und D. Brendel

Für jeden aufrichtigen und engagierten Christen ist dieses Buch eine Herausforderung! Es wird dem Leser neues, geistgewirktes Leben bringen, die Gemeinden in Einigkeit, Hingabe und Liebe wachsen lassen.

Die Apostelgeschichte geht weiter ... Kapitel 29
von Jean Coleman

Eine amerikanische Hausfrau in Laurel, Maryland, begreift den Erlösungsweg, wird wiedergeboren zu einer lebendigen Hoffnung, tritt in ein geisterfülltes Leben ein und schreibt ihr eigenes Kapitel Apostelgeschichte. Lesen Sie selbst!

Leben aus dem Wort
von Frances Hunter

ist das alternative Andachtsbuch. Es will Ihr ständiger Begleiter während vieler Jahre sein.